SIEUNDER

Jürgen von der Lippe
Monika Cleves

SIEUNDER

Botschaften aus parallelen Universen

Bei der Getrennt- und Zusammenschreibung folgt dieses Buch den Regeln der sprachlichen Vernunft und nicht denen der neuen Orthografie.

5   6   07   06

© Eichborn AG, Frankfurt am Main, Februar 2006
Umschlaggestaltung: Christina Hucke unter Verwendung
zweier Fotos von Melanie Grande
Lektorat: Oliver Thomas Domzalski
Satz: Fuldaer Verlagsanstalt, Fulda
Druck und Bindung: Clausen + Bosse, Leck

ISBN 3-8218-4943-6

Alle Rechte vorbehalten. Kein Teil des Werkes darf in irgendeiner Form
(durch Fotografie, Mikrofilm oder ein anderes Verfahren) ohne schrift-
liche Genehmigung des Verlages reproduziert oder unter Verwendung
elektronischer Systeme verarbeitet, vervielfältigt oder verbreitet werden.

Verlagsverzeichnis schickt gern:
Eichborn Verlag, Kaiserstraße 66, 60329 Frankfurt am Main
www.eichborn.de

Inhaltsverzeichnis

	SIE	ER
Vorwort	7	8
Männer	10	13
Nörgeln	16	18
Boxen	21	24
Ein Abend mit ...	27	30
Das Gemeinte und das Gesagte	32	35
Tod	38	41
Angeben	45	48
Schämen	52	54
Frauen	58	61
Kinder	64	67
Single	70	72
Gastronomie	77	82
Tiere	87	90
Lügen	93	96
Interview	100	100
Flirten	107	110
Autofahren	114	119
Treue	123	127
Ordnung	130	134
Das erste Mal	137	140
Tanzen	143	147

SIE Vorwort

Ich kam gerade von einer 20-minütigen Entspannungsreise mit Musik, Sauerstoff, Nebel und Duft zurück, als Herr von der Lippe den Ruheraum des Sauerstoff-Cafés betrat. »Das ist ein schöner Anblick, den Sie da bieten«, sagte er, während ich den Kopfhörer und die Nasenbrille abnahm und auf der Fernbedienung den Knopf suchte, um die Rückenlehne des Massagesessels hochfahren zu lassen. »Sagen Sie, hätten Sie nicht Lust, ein Buch mit mir zu schreiben?« Normalerweise hole ich auf so eine Anmache meinen leistungsstarken Hochdruckreiniger heraus, denn in der Regel kann man blind davon ausgehen, dass etwas ältere Herren mit solchen Angeboten zweifelhafte Absichten verbinden, jüngere erst recht.

Aber ich war total entspannt, etwas high vom O_2, und vor mir stand zwar kein attraktiver junger, aber immerhin ein lustiger alter Mann. Außerdem hatte ich eine Menge Kurzgeschichten auf Lager, wie die vom Gnusr in Pru, eine Story, die versucht, ohne den Buchstaben E auszukommen. Langfristig möchte ich diesen Grundgedanken auch mit den anderen 25 Buchstaben umsetzen. Oder meine Romantrilogie, in der ich nachweise, dass die Geschichte Spaniens und seiner Kolonien völlig anders verlaufen wäre, wenn Don Quichotte und Sancho Pansa sich ihrer Homosexualität a) bewusst geworden wären, sie b) ausgelebt und c) wieder abgelegt hätten; gar nicht zu reden von meinem Gedichtzyklus »Was Pflanzen uns zu sagen haben. Erlebnisreisen ins Feinstoffliche«. »Gut, wenn Sie damit nicht ausgerechnet Ihr Tage- und Nächtebuch meinen, können wir gleich anfangen«, pokerte ich. Zu zweit ein Buch schreiben ist nur die halbe Arbeit und wenn es ein Flop werden würde, wäre es für ihn viel schlimmer als für mich. Wir einigten uns darauf, dass ich meine Projekte noch eine Weile reifen lassen und stattdessen einige zeitlose Themen endgültig abhandeln sollte, wozu er dann noch ein bisschen Männersenf geben würde, wobei ich wirklich sagen muss: Für 'n älteren Herrn nicht so schlecht. Vielleicht lasse ich ihn die Buchstaben X bis Z bearbeiten.

ER Vorwort

Es hat eine repräsentative Umfrage unter 4000 Personen gegeben, um herauszufinden, welches in Deutschland die beliebtesten Kosenamen sind. Die Frauen nennen ihren Partner am häufigsten *Schatz, Hase, Bärchen, Hasi*, Männer ihre Frauen auch *Schatz, Maus, Engel, Mausi*. Klingt öde, aber Mainstream ist immer ein bisschen schlichter, auf den hinteren Plätzen gabs schon tolle Sachen, die Frauen verwenden auch Namen wie: *Schnubbelhubser Nacktschneckerich*, da kann man mal die Fantasie ein bisschen schweifen lassen, *Bubsiknuff* gabs, *Sperminator*, vermutlich aus Amerika rübergeschwappt der Name, kurz nach Bill Clintons Affäre mit Monika Lewinsky; *Nougatprinz*, auch schön. Er lässt darauf schließen, dass die Frau ihm die Unterhosen nicht nur aussuchen, sondern auch waschen muss.

Bonsai Adonis ist ein weiterer Männerkosename. Na toll. Warum nicht gleich Stummelschwänzchen. Außerdem hinkt der Vergleich sowieso, denn ein Bonsai muss jedes Jahr beschnitten werden.

Die Männer verwenden durch die Bank die schöneren und originelleren Kosenamen für ihre Partnerinnen, aber auch hier kann es zu Perzeptionskonflikten kommen. *Schnuckiputz*, ist das ein Kosename oder eine Aufforderung? Bei *Meine kleine Süßorange* sollte eine Frau vielleicht auch hellhörig werden, vor allem, wenn der Mann ihr gerade Po und Oberschenkel massiert hat, oder *Meine kleine Wollmaus* – ist das, weil er sie so schön knuffig und kuschelig findet, oder ist das eine zarte Anspielung auf ihre unrasierten Beine?

Daraus erhellt: Schon Dinge, die in der lautersten Absicht geäußert werden, können direkt in die Katastrophe führen.

Aus männlicher Sicht könnte ich selbstverständlich auf Texte aus weiblicher Sicht, zumal zum selben Thema, verzichten, aber da ich aus durchsichtigen Gründen auch männliche Käufer (und womöglich Leser) erreichen will, bin ich dieses Buchprojekt gemeinsam mit einer Autorin angegangen, deren Talent und Stil ich seit Jahren schätze und ausbeute.

Neueste Forschungen haben zwar ergeben, dass die Unterschiede zwischen zwei Männern oder zwei Frauen meist größer sind als zwischen Mann und Frau, aber das trifft höchstens auf einen 56-jährigen Deutschen und seinen 13-jährigen Sohn zu oder einen weißen 28-jährigen Polizisten aus Mülheim-Ruhr und einen gleichaltrigen schwarzen Gefängnisinsassen aus Simbabwe, nicht aber auf ein x-beliebiges geschlechtsreifes, heterosexuelles mitteleuropäisches Paar, da heißt es immer: ein Thema – zwei Welten. Schon mal toll.

Allerdings führt dem Dichter nicht immer nur das Geschlecht die Feder, bei mir tut das in min-

destens demselben Maße der Beruf als Bühnen-
komiker, als Rampensau, an anderen Tagen vielleicht wieder der gelernte Philosoph, immerhin
20 Semester und das ohne Abschluss. Und dann
gibt die Sozialisation ihren Senf dazu: Es ist
ein Unterschied, ob man von aller Welt geliebt
aufwächst, weil gutaussehend, attraktiv, um-
schwärmt, oder ob man sich jeden sexuellen
Kontakt hart erarbeiten musste, wie ich. Ebenso
prägt es die Weltsicht, ob man kränklich ist und
die Mehrzahl der handelsüblichen ärztlichen In-
strumente schon im eigenen Leib verspürte, oder
ob man selbst einen Schädelbruch ohne Hinzu-
ziehung eines Arztes mit Bachblüten attackieren
würde, wie Frau Cleves. Ach, was rede ich viel,
lesen Sie und erkennen Sie sich selbst wieder, in
wem auch immer! Viel Spaß.

SIE Männer

Männer sind ein lustiges Völkchen. Gerade erst
wieder konnte ich meinen Nachbarn dabei beobachten, wie er beim Verlassen des Hauses als Erstes seinen Autoschlüssel zückt, um mittels der
eingebauten Fernbedienung die Türverriegelung
seines Autos aufzuheben. Das ist an sich ein ganz
normaler Vorgang, aber bei meinem Nachbarn
funktioniert das seit Monaten nicht; stattdessen
löst er von weitem den Diebstahl-Alarm aus und
das Auto beginnt nervend um Hilfe zu rufen.
Sicherlich liegt nur ein kleiner technischer Defekt
vor, den man reparieren könnte, aber mein Nach-

bar probiert lieber von Zeit zu Zeit aus, ob sich der Fehler nicht von alleine behebt. So scheint es, aber ich vermute, im Grunde seines Herzens möchte er alle Anwohner eindringlich darauf aufmerksam machen, dass er auf dem Weg ist, auf dem Weg, das Leben zu meistern.

Denn das Leben leben ist für Männer vollkommen uninteressant. Seit sie vom Baum runter sind, wollen sie es meistern. Sobald sie ihr Haus verlassen, in Uniform, Blaumann, Anzug, weißem Kittel, Dufflecoat oder mit großem Hut und wehendem Schal, beginnen sie damit, vorzuführen, wie toll sie das machen. Dazu ist ihnen jedes sich bietende Mittel recht – auch wenn der Schuss ab und zu nach hinten losgeht. Eine Frau würde das Verriegelungs-Alarmproblem entweder beheben lassen oder die Fernauslösung vermeiden, um sich nicht nachsagen lassen zu müssen, sie sei zu blöd zu erkennen, dass da was kaputt ist. Aber Männer kommen gar nicht auf die Idee, dass man von ihnen das Gleiche annehmen könnte, weil die Technik insgesamt zu ihrem Spezialgebiet gehört. Dieses Terrain wird seit Jahrtausenden rund um die Uhr schwer bewacht, weil es so hervorragende Möglichkeiten bietet, Frauen zu beeindrucken. Nehmen Frauen mal den Schraubenzieher in die Hand, bekommen Männer einen panischen Blick, als ob man ihre Männlichkeit verdrehen und ihr Paradies gefährden wollte.

Der Mann meiner Freundin ist Ingenieur. Als ihre Waschmaschine den Geist aufgab, wollte er das unbedingt selbst reparieren. Ein halbes Jahr später war die Maschine immer noch nicht instandgesetzt, aber meine Freundin wohnt glücklicherweise über einem Waschsalon. Noch ein halbes

Jahr später war die Maschine immer noch kaputt, und auch das Knie ihres Mannes. Er war mit dem Wäschekorb auf dem Weg in den Waschsalon im Treppenhaus gestürzt. Es heilt nur sehr langsam, und auf die Waschmaschine darf man die beiden jetzt nicht mehr ansprechen.

Tja, Männer beeindrucken Frauen auf vielfältige Weise, das muss man schon sagen. Technisches Know-how, Tatkraft und Durchsetzungsvermögen sind bei ihnen grundlegende, um nicht zu sagen angeborene Fähigkeiten. Damit brillieren sie hemmungslos und überall – nur eben nicht zu Hause. Im eigenen Heim wird nicht brilliert. Sehr zum Leidwesen der dort lebenden Frauen, die um Verständnis dafür ringen, dass der vorläufige Höhepunkt der Evolution ausgerechnet zu Hause mit dem Meistern aufhört.

Natürlich müssen sie sich von den permanenten Anstrengungen erholen. Doch selbst in den Ruhephasen bleibt Männervolk gern am Drücker, auch wortwörtlich. Sämtliche Fernbedienungen befinden sich immer in ihrem Hoheitsgebiet. Es ist ihr Spielzeug, sie geben es nur höchst ungern ab und nimmt man es ihnen doch mal weg, gucken sie, als hätte eine unbekannte Lebensform ihnen Leid angetan.

In der Kommunikation mit Männern hab ich manchmal ähnliche Empfindungen, besonders wenn es um den Austausch von stimmungsvollen Informationen geht. Teile ich meinem Mann z. B. mit, dass es regnet, und er antwortet: »Ja, dann nimm doch einen Schirm«, frage ich mich, was in Männerhirnen vor sich geht. Nimmt er tatsächlich an, ich hätte vergessen, dass der Schirm bereits erfunden wurde oder welchem Zweck er dient?

Ich glaube, Männer scheuen innerlich sofort zurück, wenn Frauen am Gesprächshorizont Stimmungen und Emotionen erscheinen lassen. Als ob man sie mit Gefühlen barren könnte, suchen sie in diesen Situationen lieber schnell nach logisch lösbaren Problemen – selbst da, wo es keine gibt. Der Erzählung einer Frau zu folgen, die den Ablauf ihres Nachmittags schildert, weil es ihr emotionales Wohlbehagen bereitet, macht sie edelfertig. Wenn sie nicht wegdösen oder sogar einschlafen, fragen sie spätestens nach zehn Minuten verständnislos: »Und? Wo ist das Problem?« Angesichts der analytischen und poetischen Wucht solcher Wortbeiträge frage ich mich hin und wieder, warum Männer um das Land der Gefühle einen so großen Bogen machen. Vielleicht, weil sich Gefühle so schlecht meistern lassen? Immerhin steht doch eine ganze Gehirnhälfte dafür zur Verfügung. Wenn Männer sie allerdings nicht nutzen, wirken sie etwas wunderlich – wie Spezialisten ohne Fachwissen.

ER Männer

Eines Tages werden Frauen uns Männer nur noch zum Schwere-Sachen-Heben brauchen, sagt Franz Josef Wagner. Und er irrt. Denn eines Tages werden Frauen uns gar nicht mehr brauchen. Mediziner und Biologen konstatieren zunehmende Unfruchtbarkeit bei jungen Männern, vermutlich durch Umweltgifte verursacht. Eine ganz neue Studie der Uni Aarhus in Dänemark ergab, dass die Spermienqualität von 60-Jährigen weit besser ist als die von 20-Jährigen! Ein kleiner Trost für mich, aber große Scheiße für die Männerschaft als solche. Und es kommt noch schlimmer: Kürzlich ist es gelungen, eine Maus im Reagenzglas zu zeugen: ohne Sperma, ohne Mann, wie vor 2000 Jahren. Es geht also. Es gibt eine Milbenart, da wird das Männchen gar nicht erst geboren. Es befruchtet das Weibchen im Mutterleib, das Weibchen schlüpft, Mutter und Mann sterben.

Einige Wissenschaftler prognostizieren angesichts einer zunehmend dramatischen Degeneration des Y-Chromosoms, dass es in 50 Generationen, sprich 1250 Jahren, vielleicht keine Männer mehr geben wird. Gut, um manche ist es sicher nicht schade, etwa um den Bettdauerfurzer, den Mittelklassewagenafficionado, der das ganze Wochenende im Unterhemd flaschbiergestützt seinen Hobel wienert, oder den Schöngeist, der seine Zehennägel am Frühstückstisch schneidet und sie in einem Marmeladenglas verwahrt. Aber was ist mit dem Märchenprinzen, dem Jungen auf dem weißen Pferd, der das Aschenputtel aus seinem Loch holt, zu sich auf den Zossen zieht und mit ihr ins Abendrot reitet Richtung Glück? Wie wollen Sie das denn gegenseitig anstellen, meine Damen? Da könnt ihr euch doch nur noch *Flashdance*, *Pretty Woman* und *Manhattan Lovestory* angucken, immer im Wechsel, wochenlang. Oder der *Pygmalion*, Shaws Vorlage zu *My fair Lady*: der Phonetikprofessor, der dem Unterschichtmädchen das Sprechen beibringt, das Vorbild aller Regisseure und ihrer Hauptdarstellerinnen, Modeschöpfer und Lieblingsmodels, Lehrer und Lieblingsschülerinnen. Ja, auch um die Pygmalions dieser Welt ist es schade, die, wie Dietrich Schwanitz es ausdrückte, ihren Schöpferimpuls an jungen Frauen austoben und die er

»allesamt verfehlte Töchterväter mit inzestuösen Neigungen« nennt. Immerhin noch eleganter als Marlene Dietrich, die gesagt haben soll: Männer wollen immer nur ihr Ding reinstecken. Das ist alles, was sie wollen. Das ist zumindest evolutionsbiologisch korrekt beobachtet. Die Natur will, dass der Mann übers Land geht und versucht, soviel Samen wie möglich unter die Leute zu bringen. Natürlich kollidiert das mit der evolutionären Bestimmung der Frau, den genetisch brauchbarsten Partner auszugucken und ihn dauerhaft zu domestizieren, auf dass für sie und die Brut gesorgt sei. Nun ist natürlich der Mann nicht 24 Stunden am Tag mit Samenverteilen beschäftigt. Das wird von Frauenseite auch gelegentlich anerkannt. Jeanne Moreau gesteht uns immerhin zwei Interessengebiete zu: »Alle Männer haben nur zwei Dinge im Sinn, Geld und das andere.« Möglicherweise hat sie hauptsächlich Heiratsschwindler und Hochstapler kennengelernt, aber immerhin hat dieser Typus Thomas Mann zu seinem Felix Krull inspiriert, und den möchte man doch auch nicht missen. Ich behaupte aber, man kann Männer hie und da auch beim intrinsischen Tun beobachten, das seinen Wert aus sich selbst bezieht, also weder Kohle bringen noch Frauen imponieren soll. Trotzdem erfreut es sie letztendlich. Der beinharte Fußballfan z. B. stellt die Beziehung, so er zwischen den ganzen Heim-, Auswärts- und Pokalspielen überhaupt eine ermöglichen kann, hintan. Aber er füllt mit seiner sauer verdienten Kohle die Stadien und macht damit möglich, dass Frauen samstags sagen können: Also der Ballack sieht schon toll aus.

SIE Nörgeln

Wenn an einem trüben Januartag der dunkelgraue Himmel plötzlich aufreißt und Sonnenstrahlen hervorbrechen, du deinen Laptop zuklappst, dir einen Mantel schnappst und die nächstbeste Parkbank in Beschlag nimmst, um deine geschlossenen Augen in dem herrlich leuchtenden Orange baden zu lassen, das die Sonne auf deine Netzhaut zaubert, und wenn deine Gesichtshaut von einem zarten Wärmehauch daran erinnert wird, dass die lebensspendenden Kräfte bald wieder zu ihrer prachtvollsten Form auflaufen – dann kommt ein Nörgler vorbei und sagt unaufgefordert zu dir :»Nee, das kann ich ja gar nicht ab, mitten im Winter dieses grelle Licht. Das ist doch schädlich für die Gesundheit. Das sind die Augen doch jetzt gar nicht gewohnt!« Womöglich setzt er oder sie noch eine Sonnenbrille auf, um die akustisch geäußerte Unzufriedenheit auffällig sichtbar zu machen.

Lassen Sie sich dann bloß nicht auf ein Gespräch ein. Erklären Sie nicht, dass schon 20 Sekunden indirektes Sonnenlicht (bitte nie direkt in die Sonne schauen – das ist ein Sicherheitshinweis) über die Netzhaut zur Vitaminproduktion anregt und Gesundheit und Wohlbefinden fördert. Sonst müssen Sie sich anhören, was diesem Zeitgenossen noch Übles einfällt, um Ihnen Ihre aufblühende Vorfreude auf den Frühling gründlich zu vermiesen.

Vielleicht ist Nörgeln eine Vitaminmangel-Erscheinung. Auf jeden Fall ist Nörgeln auch eine mutierte Form des »fishing for compliments« von Mitmenschen, deren Charakter der Volksmund, wahrscheinlich nicht ohne Grund, als ätzend umschreibt. Diese leider etwas missratenen Menschen kippen gern das, was sie für ihr Lebenselixier halten, eine Mixtur aus Gift und Galle, über ihren Mitmenschen aus – in der irrtümlichen Annahme, wir anderen, etwas fröhlicher aufgelegten Wesen äßen ausschließlich Laugenbrezeln und bräuchten dringend mal etwas Richtiges zu Verdauen.

Nein, sage ich, brauchen wir nicht.

Anscheinend verwechseln Nörgler ein missglücktes Experiment mit dem Sinn ihres Chemie-Baukastens und sind erst zufrieden, wenn es in ihrer Lebensatmosphäre ordentlich stinkt und qualmt. Ich kann die Versuchsanordnung dieser Irrtums-Chemie auch bei größtmöglichem Einsatz meines Mitgefühls nicht nachvollziehen, geschweige denn ein ähnliches Erlebnis aus meinem Labor beisteuern. Ich gebe zu: Gegenüber Nörglern gleitet mein sonst aufmerksames Bewusstsein in eine atavistische Abwehrhaltung. (Sonst arbeiten meine linke und rechte Gehirnhälfte prächtig zusammen, eine Vereinsgründung ist geplant.) An allem und jedem herumzukritteln ist nun mal keine Einstein'sche Geistesleistung. Durch die Verbreitung des eigenen Miefs in fremden Revieren steigen weder die Zuneigungskurven, noch gibt es herzlichen Applaus. Dass Nörgler es überhaupt schaffen, sich zu vermehren, ist mir ein Rätsel, und wie es zugeht, wenn Nörgler unter sich sind, mag ich mir nicht ausdenken. Vielleicht verstärken sie sich noch gegenseitig und halten sich für die rechtmäßigen Bewohner von Mittelerde. Für mich sind sie menschliche Verkörperungen der Schwarzen Löcher, die alle fröhliche Energie ringsum verschlucken.

Was ich unseren nörgelnden Mitbewohnern des Universums rate? Nehmt das Leben nicht so schwer, es ist ja nicht von Dauer. Haltet einfach mal die Luft an. Traut euch, im ganz normalen Fluss des puren Lebens zu baden, ohne gleich über die Wasserqualität, die Stromschnellen und den Fischbestand zu meckern. Denn eins ist sicher: Im Wasser kann man schwimmen, und es gehört zum Sinn des Lebens, das auch einmal, ein einziges Mal, unbeschwert zu genießen. Wer das nicht schafft, dem zieht der liebe Gott die Ohren lang.

ER Nörgeln

Das Wort Nörgeln an sich ist schon eine Unverschämtheit einem Menschen gegenüber, der im Dienste einer großen Sache das eigene Wohlbefinden hintanstellt. Denn der Nörgler will nichts Geringeres als die Welt verbessern. Zugegeben: Don Quichóttes Anrennen gegen die Windmühlen war dagegen ein aussichtsreiches Unterfangen.

Die Neuropsychologie lehrt, dass das Hirn alles daransetzt, dass wir uns unabhängig davon, wie objektiv ungünstig die äußeren Umstände sein mögen, 75% unserer Zeit annähernd gut fühlen. Der Nörgler fühlt sich immer schlecht angesichts der Blödheit, mit der er ständig konfrontiert wird. Ein Beispiel:

Der Nörgler betritt eine Bäckerei, er hat es eilig, denn viele Missstände auf der Welt wollen angeprangert werden. Die etwas überkandidelte Bäckereifachverkäuferin flötet: Ist das nicht ein herrlicher Tag heute? Der Nörgler: »Ja, draußen

vielleicht, aber ich bin hier drin und werde zuge-
textet. Geben Sie mir 3 Brötchen, sobald Ihr Mitteilungsdrang gestillt ist.« Analysieren wir die Situation. Die Verkäuferin denkt zunächst: So ein
blödes Arschloch; aber irgendwann wird die Botschaft auch bei ihr angekommen sein, dass Menschen nicht immer bereit sind, Belanglosigkeiten
auszutauschen, sondern dass das Wetter auch
mal unkommentiert bleiben muss, wenn vielbe-
schäftigte Kundschaft kommt. Der Nörgler ver-
lässt seinerseits den Laden in eher gedrückter
Stimmung – es wäre ihm ein Leichtes gewesen,
auf das dumme Geplapper einzugehen und sich
die Frau womöglich noch hörig zu reden, kein
Problem, aber das ist nicht im Sinne seiner selbst-
gewählten Aufgabe.
Und so tritt er auch der Politesse unerschrocken
entgegen, die ihm gerade wegen Überziehens der
Parkdauer ein Knöllchen schreibt. Er sagt: Ich
habe das Land, auf dem mein Wagen steht, um
sage und schreibe 4 Minuten länger genutzt, als
ich es gemietet habe, und kriege einen Bußgeldbescheid über 30 Euro. Das ist nicht in Ordnung.
Über einen Euro können wir reden, aber 30 Euro
bedeuten eine Mieterhöhung um 2900%. Das
gibt es in anderen Lebensbereichen ja auch nicht.
Wenn Sie eine Wohnung für 850 Euro Miete
haben und Sie geraten mit der Mietzahlung einen
Tag in Rückstand, bekommen Sie auch keine
Rechnung über 24650 Euro.
Die Politesse weiß natürlich, dass der Nörgler
Recht hat, aber statt zu sagen: Ich habe noch nie
einen Mann getroffen, der so brillant argumentierte, darf ich den Bußgeldbescheid zerreißen
oder wollen Sie es selber machen und dann vielleicht heute Abend mit meinem Slip ebenso ver-

fahren? Das wäre der Schritt in Richtung bessere Welt, der jedem Nörgler vorschwebt, aber nein – sie glaubt, staatstragend werden zu müssen, und sagt, Stimme und Zeigefinger erhoben: Der Staat braucht das Geld für die Feuerwehr, für die Polizei, für die Schulen, Moment, wirft der Nörgler ein, Sie brauchen das Geld von den Falschparkern für die Schulen? Ich sehe den Zusammenhang nicht. Wieso ist die Qualität der Schulausbildung eines Kindes abhängig von der Unfähigkeit seiner Eltern, korrekt zu parken? Heißt das, ich muss mich, wenn die Schule meines Sohnes eine neue Turnhalle braucht, 5 Tage ins absolute Halteverbot stellen?

Das Luzide dieser Argumentation bleibt der Hilfspolizistin in Gänze verborgen, der Nörgler wird, wie so oft, alles seinem Anwalt übergeben, übrigens sein einziger Freund. Er wird auf Geschäftsreise gehen und, als er sein Hotelbett spätabends beim Heimkommen aufgeschlagen vorfindet, den Nachtportier in folgendes Gespräch verwickeln: Sagen Sie, ich habe gerade mein Zimmer betreten und die Bettdecke war zurückgeschlagen. Ist das nur in meinem Zimmer oder wird das bei jedem Gast gemacht? Trauen Sie Ihren Gästen nicht zu, dass sie das alleine hinkriegen, oder hat mal eines Abends jemand an der Rezeption angerufen und gesagt: Guten Abend, mein Name ist Steguweit, ich weiß nicht, wie ich in mein Bett kommen soll, bitte schicken Sie jemanden rauf, ich will nicht wieder in der Badewanne schlafen? Anschließend wird der Nörgler noch die Qualität des Bezahlpornos beklagen, ebenso die Preise der Minibar, und wie üblich schlecht schlafen. Nein, dieser Widerstandskämpfer gegen all das Dumme, Eingefahrene, Unreflektierte im Alltag sollte nicht länger mit einem so negativ besetzten Wort bezeichnet werden; ich werde ihn von Stund an nach seinem Schutzheiligen benennen, wenn es denn in der Philosophie so etwas gibt, nach einem Denker, den das ganze Abendland verehrt, dem größten Nörgler aller Zeiten: Sokrates.

SIE Boxen

Boxen ist für mich die aufregendste aller Sportarten. Es weckt in mir dieselbe elektrisierende Spannung wie Rivalitätskämpfe im Tierreich. Es ist ungeheuer imponierend, mit anzusehen, wie zwei ausgewachsene 16-Ender aus vollem Lauf heraus die Schädel aufeinander krachen lassen und von der Wucht des Aufpralls benommen umhertorkeln. Meine Gänsehaut entflammt beim brüllenden Inferno, dass zwei Löwen im Kampf um die Oberherrschaft im Rudel veranstalten. Wale schlagen den Widersacher sogar mit dem Schwanz k.o. Das Tolle ist, dass es dabei immer um die Weibchen geht. Wer sie dominieren will, muss unter Einsatz seines Lebens Kraft, Klugheit, Schnelligkeit und Erfahrung unter Beweis stellen, und das sogar regelmäßig. Im Unterschied zum Sport haben diese Kämpfe echten Sinn, weil sie der bestmöglichen Erhaltung der Art dienen.
Der Homo sapiens unserer Tage hat die Demonstration seines mächtigen physischen Leistungsvermögens zur Partnerinnenbeschaffung eigentlich nicht mehr nötig, aber das auf dem langen Weg der Evolution entwickelte ursprüngliche

Brunftverhalten ist rudimentär weiterhin vorhanden und muss beizeiten ausgelebt werden. Dazu benutzt er in unserer zivilisierten Gegenwart den Sport mit einer abwechslungsreichen Palette von Möglichkeiten. Vom Eistanz bis zum Gewichtheben ist für jeden Geschmack etwas dabei, um die Kräfte untereinander zu messen und zu vergleichen. Allerdings ist die Schnelligkeit eines 100-Meter-Läufers für mich eben nur ein lascher Ersatz für das, was ein ausgewachsener Gorilla bei der Verfolgung seines Gegners zu bieten hat. In fast allen Sportarten imponieren Männer eben nur noch mit Teilbereichen der Fähigkeiten, die dazumal für eine erfolgreiche Brunft nötig waren. Selbst der Zehnkampf lässt bei mir den Prickel vermissen, den ein echtes Duell Mann gegen Mann bei Frauen sofort auslöst.

Das Boxen erscheint mir noch am ehesten mit dem ursprünglichen Brunftverhalten identisch. Boxen hat für mich etwas Animalisches, Wildes, Unberechenbares behalten, weil bei jedem Boxer der Killer-Instinkt mit in den Ring steigt. Erbarmungslos verfolgt der Boxer sein Ziel, den Rivalen mit Schlägen so fertigzumachen, dass der nicht mehr auf den Beinen stehen kann und aufgeben muss. Dabei geht ein Raunen durch meine weiblichen Gene, die Lippen werden feucht und der Mythos von unbesiegbarer Stärke erwacht aus seinem Dornröschenschlaf. Schließlich gab es Millionen Jahre lang nichts Anziehenderes und Schicksalhafteres als die körperliche Demonstration von Stärke und Macht der männlichen Artgenossen.

Zu Keulen-Zeiten konnten sich Herausforderer, die beim sogenannten Imponieren schon erkannten, dass sie gegenüber dem Gegner keine Chance haben würden, noch rechtzeitig aus dem Staub machen. Damit das heute nicht passiert und womöglich einer vorzeitig aus dem Ring flüchtet, sind beim Boxen 18 verschiedene Gewichtsklassen eingerichtet worden – vom Minifliegengewicht über Bantam-, Feder-, Leicht-, Welter-, Mittel-, Halbschwer-, Superleichtschwer bis zum Schwergewicht. Die Rivalen sind vorab gewogen und für gleichgewichtig erklärt worden. Frau braucht also nicht mit einem sichtbar Schwächeren zu leiden, sondern kann dem Kampf unbeschwert zusehen und seinen Ausgang gebannt miterleben unter dem Aspekt, na, wer wird in Zukunft die Herde vögeln? Diese uralte Frage stellt sich mit archaischem Vergnügen bei jedem Boxkampf neu und macht ihn auch heute noch zu einem unwillkürlich erregenden Akt, zu einem Event, den Frauen unabhängig von der eigenen Gewichtsklasse genießen können.

Sicher kann man mit einem eingesprungenen vierfachen Axel Rivalen beeindrucken, aber leider Frauen nicht wirklich erotisch in den Bann ziehen. Das können nur Boxer, die sich halbnackt, mit freiem, wohlgeformtem Oberkörper und erhobenen Fäusten gegenüberstehen. Zu allem bereit, riskieren sie in letzter Konsequenz ihr Leben. Und verstehen sie es auch noch, das Imponieren vor dem Kampf, das Aufstellen, Blähen und Brüllen zu inszenieren wie ein ausgewachsener Grizzlybär in den besten Jahren oder wie Muhammed Ali, dann kennt die weibliche Bewunderung keine Grenzen mehr. Los! Befruchte mich!

ER Boxen

Alle Sportarten, die sich aus der Fortbewegung entwickelt haben, sind mir als ausgesprochen sesshaftem Typen eher fremd. Als soziales Wesen, das ich bin, ziehe ich Leibesübungen vor, bei denen soziale Kontakte stattfinden, und zwar vorzugsweise mit Menschen anderer Kultur, Religion, Hautfarbe – ein Austausch also, wie er etwa beim Boxen stattfindet. Wie einsam brettert doch ein Skifahrer seine Piste runter, nur von dem Gedanken beseelt, nicht zu stürzen und möglichst schnell zu sein. Er hat keine Gesellschaft, sieht nichts von der Gegend, hört nichts von den Anfeuerungen der Zuschauer. Ganz anders der Faustkampf. Schon beim Einmarsch gute Musik, vor dem, nach dem und beim Kampf jede Menge Gesprächspartner – der Trainer, der Ringarzt, der Gegner, der Ringrichter, das Nummerngirl, die Reporter –, man nimmt auch die Zuschauer anders wahr: Filmschauspieler, Sänger, Fernsehmenschen, die örtliche Zuhälterschaft mit ihren leicht bekleideten Lieblingsfrauen. Gut, die sind vielleicht beim Abfahrtslauf auch dabei, aber man erkennt sie nicht in der dicken Winterkleidung.

Schon optisch macht der Boxer mehr her mit seinem gestählten, schweißglänzenden Brustkasten. Theoretisch könnte zwar in Skikleidung geboxt werden, umgekehrt aber wohl kaum! Die Temperaturen sind also beim Boxen auf jeden Fall angenehmer, ich muss mich auch nicht, wie beim Skifahren, in einem Tempo bewegen, für das meine Reflexe nicht ausreichen, wovon jede Menge Sportunfälle zeugen, wenn wieder mal ein Freizeitsportler mit 90 km/h in eine übergewichtige

Hausfrau hineinbrettert, die nicht mehr rechtzeitig vom Fleck kam.

Jetzt werden Sie vielleicht einwenden: Aber beim Boxen treten doch auch Verletzungen auf! Schon, aber nicht bei Unbeteiligten, die beim Frühstück noch fest damit rechneten, unversehrt das Abendbrot zu erleben. Und die Verletzungen sind weniger schwer. In der gesamten Boxgeschichte ist kein dreifacher offener Trümmerbruch des Unterschenkels belegt, der ein halbes Jahr Klinikaufenthalt und ebensolange Reha erfordert. Und was die gern zitierten Spätschäden angeht: Von den Menschen, die im Alter über Vergesslichkeit und Tatterich klagen, haben 0,1 % geboxt, der Rest hat gesoffen.

Boxen ist einfach interessanter. In einem 12-Runden-Kampf kommt keine Langeweile auf; solange man bei Bewusstsein ist, hat man alle Hände voll zu tun. Und wenn einem dann ein Schlag gelingt, der den Gegner zu Boden streckt, ist das ein zutiefst befriedigender Moment. Und auch ein Schlag, der einen selbst zu Boden streckt, birgt ein Füllhorn faszinierender Erfahrungen. Ich habe während der Schulzeit und noch beim Bund ganz gerne geboxt, bis ich an Gegner geriet, die wirklich gerne boxten, und von daher weiß ich, was bei einem K.O.-Schlag passiert. Ein Volltreffer ans Kinn schleudert dein Gehirn an die Schädelwand und du bist in einer anderen Realität. Einmal hatte ich den Eindruck, ich sitze mit anderen in einer Art Vorzimmer zum Himmel, hinter mir kommt einer rein und lässt die Tür auf und es zieht und ich sage, ohne zu gucken: Mach die Tür zu, du Penner, bist du in einem Stall geboren oder was? Und ich dreh mich um und es ist Jesus. Ein andermal wurde ich wach, wischte mir

mit dem Handschuh die Nase, sah das Blut und soll zum Ringrichter gesagt haben: Sei nicht böse, Schatz, ich wusste nicht, dass du deine Tage hast. In jedem Falle muss man beim Boxen nicht stundenlang auf das Endergebnis warten wie beim Abfahrtslauf, wo man selbst nur 3 oder 4 Minuten beschäftigt ist und davor und danach rumsteht und friert. Und dann die Nachfeier. O. k., wer Glühwein vertragen kann, mag beim Wintersport auf seine Kosten kommen, aber für jemanden, der wie ich unter Refluxösophagitis leidet, verbietet sich eine Mischung aus Zucker, Billigstwein und Gewürzen im Kreise von Hinterwäldlern von selbst. Da haben Tapas und guter Tinto im Kreise von Unterweltlern doch einen anderen Funfaktor. Das entscheidende Kriterium ist doch aber: Welche Sportart macht den Mann in den Augen der Frau attraktiver? Natürlich stehen Frauen auf Kämpfer, die signalisieren: Hey, ich bin zum Bersten voll mit Testosteron und erstklassigem Genmaterial!, und die Wissenschaft weiß, Frauen wollen Schutz und Sicherheit für sich und die Kinder, keine Wedellusche, die blaugefroren nach Hause kommt und auf die Frage: »Na, Schatz, gewonnen?« sagt:« Nein, ich hab mich verwachst.«
Natürlich gibt es keine Rose ohne Dornen. Manche Frauen neigen, wenn sie so einen Kämpfertypen zum Partner haben, dazu, ihn ab und zu auf den Prüfstand zu stellen. Sie provozieren absichtlich fremde Männer. Das könnte dann so aussehen:
Auf einer Party, Goldene Kamera, Bambi oder Opernball, streift zu vorgerückter Stunde versehentlich irgendjemand die Hüfte meiner Frau und sie geht hoch wie ein Kanonenschlag: »Hey, Sie Grabscher, auch wenn das Ihr Hobby ist,

nicht mit mir! Schatz, kannst du mal kommen, hier möchte einer ein neues Gesicht!«

Und dann käme jetzt ich. Und nun muss man abwägen: Wer hat meiner Frau angeblich an den Hintern gepackt? Wenn es, sagen wir mal, Graziano Rocchigiani ist, überschlagen sich die Ereignisse im Gehirn. Man denkt: Ist unsere Beziehung wirklich so toll? Natürlich hat man oft schon Dinge gesagt wie: Ich liebe dich mehr als mein Leben, aber was sagt man nicht alles so, wenn der Tag lang und der Wein trocken ist? Und ich sage, Rocky, alter Schwede, toll dich zu treffen, ich meine natürlich, dir mal zu begegnen, bin ja ein Riesenfan, nie einen Kampf versäumt, darf ich dir meine Frau vorstellen, die hat ein bisschen was getrunken, dann wird sie sehr gesellig, nichts für ungut, wir müssen dann auch los. Komm Schatz, wir gehen nach Hause, schön schlafen, nur du und ich.

O. k., ist es aber beispielsweise Jürgen Fliege, dann würde ich sagen, komm Alter, wir gehen mal gerade vor die Tür, und pass gut auf dich auf! Und was würde ein Abfahrtsläufer in dieser Situation sagen? »Hiermit fordere ich Sie offiziell heraus – nächstes Jahr in Kitzbühel.« Also wirklich.

SIE Ein Abend mit ...

Mit der Frage konfrontiert, wen ich denn gerne mal kennenlernen würde, fallen mir sofort die Männer ein, die für mich den größten Sex-Appeal haben. Dass ich zuerst ans Vögeln denke statt an

brillante Dichter und Denker, irritiert mich.
Meine Reaktion erscheint mir wie ein automatischer Reflex, dem ich evolutionstechnisch ausgeliefert bin. Das behaupten Männer auch von sich, und wir werfen es ihnen sogar vor. Warum sollten aber nicht beide Geschlechter dahingehend genetisch gedopt sein, dass sie beim Kennenlernen zuerst an Sex denken? Schließlich hat die Evolution das Gelingen des Experiments »Mensch« in beider Hände und Schoß gelegt. Dieser Schachzug, das Überleben der Spezies mit orgiastischem Genuss zu kombinieren, hätte auch mir einfallen können.

Wäre die Fortpflanzung mit Fußball oder vierhändigem Häkeln kombiniert worden, gäbe es uns doch schon lange nicht mehr. Nun ist der Sex-Appeal der meisten Männer nicht gerade ein üppiger Ersatz für bunte Federn und aufregende Bewerbungstänze. Hollywood hat das schnell erkannt und präsentiert am laufenden Band kassenträchtig Männer, die appealmäßig sechs Sterne haben. Lasse ich aber diese scharfen Mannsbilder wie zum Beispiel – ach, warum sollte ich Namen nennen, jede Frau hat ihre spezielle Wunsch-Equipe einsatzbereit zur Hand – vor meiner inneren Leinwand aufmarschieren, allein, ohne ihre Filmrolle und -partnerin, befallen mich Zweifel, ob ich tatsächlich einen Feenwunsch verballern würde, um einen dieser Typen kennenzulernen. Ich glaube eher nicht, und das liegt daran, dass Frauen im Gegensatz zu Männern nach diesem gewissen ersten Gedanken noch zu einem zweiten fähig sind. Das muss so sein, denn wir spielen die tragende Rolle.

Neben dem Vögeln gibt es noch einen zweiten Grund, jemanden kennenlernen zu wollen: die

Suche nach Antwort auf dringende, bewegende Fragen. Eine solche stellte sich mir in der Zeit, als ich mir die Nächte mit Quantenphysik, Urknall-Theorie, Unschärferelation und Antimaterie um die Ohren schlug. Dabei landete ich öfter selbst in einem schwarzen Loch und brauchte einige Gläser, um wieder daraus aufzutauchen. Zum Glück lernte ich in dieser Phase Albert Einstein kennen.

»Das willst Du doch jetzt hoffentlich nicht allen Ernstes öffentlich behaupten?«, reagiert sofort scharf meine Systemzentrale.

Also gut, ich gebe zu, es war ein Traum, aber was macht das für einen Unterschied? Ich habe Einstein im Traum kennengelernt, auf einer Stehparty – zufällig. Im Vorbeigehen erkannte ich ihn an einem der voll belegten Tische im Kreise mir unbekannter Menschen. Juih, diese Gelegenheit durfte ich mir nicht entgehen lassen, und etwas verwundert über diese komische Party, auf der auch Tote kräftig feierten, ging ich zu ihm: »Hallo, Herr Einstein, darf ich Sie was fragen?« Er schaute so freundlich aus wie auf den Postern, die wir alle kennen, mit seinen langen grauen Haaren, und er lächelte mich zustimmend an. »Wissen Sie denn jetzt, wie das Universum funktioniert?«, fragte ich ohne Umschweife. Er lachte, beugte sich zu mir und sagte: »Ja, es funktioniert ein bisschen so wie ein Kloster.«

Bingo, der Meister hatte meine dringendste Frage mit einem kurzen Satz beantwortet. Auf der Stelle hellwach, saß ich da wie vom Donner gerührt und suchte nach dem Sinn seiner Worte. Ich ging alle meine Informationen noch mal durch. Letztendlich besteht alles aus Schwingungen, aber was hat das mit einem Kloster zu tun? Klösterliches

Leben hat Regeln, festgelegte Tagesabläufe, also einen ständigen Rhythmus, der von allen Beteiligten getragen wird. Das war's. Genau dieses Puzzleteilchen hatte meinem Verständnis des Universums und des ganzen Rests gefehlt. Superkleine Teilchen, Energie pur, schwingen vergnügt und unsichtbar vor sich hin, aber sobald sie andere Teilchen treffen, mit denen sie zusammen in einem harmonischen Rhythmus schwingen können, wird etwas daraus, z. B. ein Atom, ein Sonnensystem oder eine Blume. Oder eben ein Baby.

ER Ein Abend mit ...

Kaum ein Fragebogen kommt aus ohne: »Mit wem möchten Sie einen Abend verbringen?« Die Antwort »Julia Roberts« verbietet sich aus mehreren Gründen: fehlende Originalität, der Altersunterschied, sie muss sich um ihre Kinder kümmern, sie kann kein Deutsch, also über was wollen wir reden, meine Frau würde es nicht gern sehen usw.

Nun fiel mir letztens ein Zeitungsartikel über Amtsschimmeläpfel in die Hände mit Kostbarkeiten wie folgender aus den Unterrichtsblättern der Bundeswehrverwaltung:

»Der Tod stellt aus versorgungsrechtlicher Sicht die stärkste Form der Dienstunfähigkeit dar.« Oder aus dem Kommentar zum Bundesreisekostengesetz: «Stirbt ein Bediensteter während einer Dienstreise, so ist die Dienstreise damit beendet.«

Augenblicklich erwachte in mir das dringende Verlangen, diese beiden Herren – es müssen einfach Herren sein, ich spüre das – zum Skat einzuladen, ich würde Schnittchen machen, vielleicht scharfe indische Hackbällchen, obwohl Behördenmenschen oft Magenprobleme haben, also Buletten, und ich würde sie richtig ausquetschen: Wie kriegt man solche Sätze in Gesetzessammlungen unter? Gab es eine Wette? Oder ist es am Ende ernstgemeint? Und wenn ja, welche Medikamente nimmt jemand, dem sowas aus der Feder strömt? Und was hat er noch auf Halde liegen? Vielleicht: »Stirbt ein Nachtwächter tagsüber an den Folgen eines Unfalles, kann er gegenüber dem Arbeitgeber keine Ansprüche auf Arbeitsunfallrente geltend machen.«?

Das wär's überhaupt: Zu vorgerückter Stunde, nach dem zweiten Bier, würden wir als Autorenkollektiv tätig, würden z. B. das Grundgesetz komplett umschreiben oder wenigstens die gröbsten Schnitzer in vorhandenen Texten ausbügeln, wie etwa diesen:

»Besteht ein Personalrat aus einer Person, erübrigt sich die Trennung nach Geschlechtern.« Das stammt aus einer Info des Deutschen Lehrerverbandes und schreit natürlich nach einem ergänzenden Hermaphroditenpassus oder einer Folgeverordnung wie: »Besteht ein Personalrat aus zwei Personen unterschiedlichen Geschlechts, verliert im Falle einer Geschlechtsumwandlung die Neufrau bzw. der Neumann seinen bzw. ihren Sitz im Personalrat und ist aus Paritätsgründen umgehend durch eine Alt- oder Neufrau bzw. durch einen Alt- oder Neumann zu ersetzen.« Ich glaube, das wäre ein toller Abend, genau wie der nächste, den ich gern mit einem der Musikkritiker der *Süddeutschen Zeitung* teilen würde, der mich mit folgenden Formulierungen schwindelig schrieb: »Leichtigkeit und Eleganz der Bogenführung, ein Klang, der immer mit der Stille und dem Unforcierten sich verbündet, rückten den Blick auf intim erlauschte Momente subtiler Empfindung ... Immer wieder entdeckt Elgar einen neuen Schattenwurf, eine ungeahnte Auflichtung im melodischen Material.« Endlich nimmt die Formulierung »sweet little nothings« Gestalt an. Was koche ich für so einen Gast? Auf jeden Fall was mit Weinschaum und eine Trilogie von irgendwas an etwas völlig anderem. Und sollte ich dem Tischgespräch intellektuell nicht gewachsen sein, halte ich mich an den zweiten Gast dieses Abends, der in den Fallbeispielen der deutschen Verwaltungspraxis Folgendes ausführte: »Nach dem Abkoten bleibt der Kothaufen grundsätzlich eine selbständig bewegliche Sache, er wird nicht durch Verbinden oder Vermischen untrennbarer Bestandteil des Wiesengrundstücks, der Eigentümer des Wiesengrundstücks erwirbt also nicht automatisch Eigentum am Hundekot.« Ich freu mich.

SIE Das Gemeinte und das Gesagte

Zwischen dem, was man meint, und dem, was man sagt, ist der Unterschied oft größer als zwischen einem Buschmann und einem Börsianer. Trotzdem kann man beide als Menschen erkennen, auch wenn's beim Börsianer schwerfällt. In extremen Fällen ist zwischen dem Gemeinten und dem Gesagten nicht mehr die leiseste Spur von Ähnlichkeit zu entdecken, weil es krasse

Gegensätze geworden sind, so wie JA und NEIN. Warum ist das so? Da die Krone der Schöpfung weitgehend in der Lage ist, der eigenen Meinung sprachlichen Ausdruck zu verleihen, muss es triftige Gründe dafür geben, es nicht zu tun. Betrachtet man die Kommunikation einmal aus verkehrstechnischer Sicht, wird eine Hemmung begreiflich. Das Gesagte ist dabei eine Ampel, die grün zeigt und den Verkehr fließen lässt. Das Gemeinte dagegen ist die rote Ampel, die den Verkehr auf der Stelle stoppt. Am praktischen Beispiel wird es einleuchtend. Antwortet er auf die Frage ›Liebst Du mich noch?‹ mit Ja, geht das Leben wie gewohnt weiter. Antwortet er mit Nein, hört der Verkehr auf.

Das Gemeinte, die ureigene Empfindung oder Überzeugung, wird also mit Rücksicht auf funktionierende menschliche Beziehungen zurückgehalten. Das ist allerdings keine angeborene Fähigkeit, denn bei kleinen Kindern sind das Gemeinte und das Gesagte noch deckungsgleich. Erst wenn ein Kind in der Lage ist, z. B. ›Onkel Max stinkt‹ zu verkünden, erfährt es, dass man so etwas nicht in dessen Beisein sagen kann, auch wenn es stimmt. Es lernt dann, dass der Inhalt des Gemeinten nicht zu krass in die Formulierung des Gesagten einfließen darf. Sagt es beim nächsten Mal: ›Onkel Max duftet komisch‹, hat es die erste Lektion begriffen.

In der Pubertät erlebt der junge Mensch einen hormonell bedingten Rückfall, und spontaner Wahrheitsdrang lässt dem Gemeinten sprachlich wieder freien Lauf. Die einfache Frage der Mutter: ›Wohin gehst Du?‹ z.B. wird gerne mit: ›Oh Mann, Du nervst!‹ beantwortet, was wiederum Ärger nach sich zieht, nur ärger als in Kindertagen. In dieser Phase trainiert der Jugendliche Lektion 2, den selbstverantwortlichen Umgang mit Gemeintem und Gesagtem. Sie endet ungefähr mit der Erlangung des Führerscheins und der ersten festen Beziehung.

Spätestens jetzt wird dem jungen Erwachsenen klar, dass all seine Kenntnisse für eine befriedigende Liebesbeziehung untauglich sind. Die Verständigung mit dem anderen Geschlecht wird erneut zu einem sprachlichen Drahtseilakt ohne Netz und doppelten Boden. Fragt die Freundin erstaunt: ›Willst Du wirklich am Samstag zum Fußball?‹ und antwortet er darauf freudig: ›Ja, klar, ich hab auch schon ne Karte‹, kann es passieren, dass sie ›Ich versteh Dich nicht‹ antwortet und er ratlos überlegt, was daran großartig zu verstehen ist, und warum sie plötzlich so zickig reagiert. Hier beginnt Lektion 3, in der man lernt, dass zur souveränen Handhabung von Gemeintem und Gesagtem in Liebesbeziehungen ein spezielles Gespür dafür entwickelt werden muss, hinter dem Gesagten des Partners das Gemeinte herauszuhören. Fragt die Freundin erstaunt: ›Willst Du wirklich am Samstag zum Fußball?‹, so sollte er das Gemeinte, in diesem Fall ›Das kann doch nicht Dein Ernst sein!‹, besser gleich mithören und seine Antwort so formulieren, dass sein Gemeintes (»Ja, klar«) weitgehend unerkannt bleibt, wie z. B. in der Antwort: ›Eigentlich würde ich viel lieber mit Dir zusammensein, aber der Günni hat doch schon vor Wochen die Karten besorgt‹, weil sie darauf nicht so sauer reagiert. Diese Lektion hat es in sich, auch deshalb, weil die Geschlechter in ihrem Mitteilungsdrang unterschiedlich stark motiviert sind. Frauen neigen eher zu einer Formulierungsvirtuosität beim sprachlichen Verpacken des Gemeinten, von der Männern sogar schwindelig werden kann. ›Liebling, die Sonne scheint so schön, lass uns doch ins Einkaufszentrum fahren, ich muss Dir unbedingt was zeigen.‹ Im Gegenzug sind Männer den Frauen oft zu einsilbig, um nicht zu sagen langweilig in ihrer Verschlüsselungspraxis: ›Schatz, ich glaube, es ist kein Bier mehr im Haus.‹

Drängt trotzdem das Gemeinte an die Oberfläche – was man nicht verhindern kann, denn das Unbewusste spricht ständig mit – und beantwortet er z. B. die Frage: ›Wie findest Du meine neue Frisur?‹ mit: ›Na ja,‹ droht ein sofortiger Crash. Selbst wenn er ›Na ja,‹ nur gesagt hat, um Zeit zu gewinnen, wird er nicht umhinkommen, blitzschnell neue Wege zu suchen, um die verfahrene Situation zu retten. Beschwichtigungen, phantasievolle Erklärungsmodelle, Lügen und sogar Schwüre werden eingesetzt, um das Gemeinte aus der Welt zu schaffen. Alles zwecklos – in intimen Beziehungen kann das Gemeinte nicht durch später Gesagtes aufgehoben werden. Es ist unmöglich, das Gemeinte ungemeint zu machen – erst recht nicht, indem man sagt: ›Aber Schätzchen, ich hab's doch nicht so gemeint‹.

ER Das Gemeinte und das Gesagte

Einer der Gründe dafür, dass Beziehungen nicht funktionieren, ist, dass Frauen Sprache anders codieren und decodieren als Männer. Ein Beispiel: Robbie Williams, bekannt aus Funk, Fernsehen und Drogenszene, holte bei »Wetten dass?« zwei junge Damen aus dem Publikum, Steffi und Melanie, auf die Couch und verbrachte dortselbst einen kleinen Teil seines Lebens mit ihnen. Beide schwärmten anschließend übereinstimmend: »Er riecht so lecker nach Rauch und Schweiß.«

Die Folgen sind noch gar nicht abzusehen. Viele Männer aller Altersgruppen decodieren diese Aussage männlich, also falsch, hören auf, sich zu waschen, und fangen wieder an zu rauchen, in der trügerischen Annahme, die Partnerin werde ähnlich reagieren wie bei Robbie. Arme Irre.

Was Steffi und Melanie meinten, war natürlich etwas völlig anderes: Wir lieben Robbie. Verliebte Frauen fallen mental in die Steinzeit zurück. Urhordenfeeling. Der Mann kommt verschwitzt von der Jagd zurück und knallt sich ans Lagerfeuer. Die Frau entbeint derweil geschickt das Hochwild und weiß: Nach dem Essen schleift er mich an den Haaren in die Höhle und nimmt mich von hinten, denn die Missionarsstellung ist ja noch nicht erfunden. Macht nichts, er ist ja so ... so ... robbiesk. Natürlich ist das Dummchen nur Opfer eines neuronalen Feuerwerks, wie es in allen Verliebten abbrennt. Dopamin, Noradrenalin, Prolaktin, Luliberin und Oxytozin. Phenylathylamin macht blöd und gefügig, die Endorphine geben uns den Rest. Diesen Zustand nennt der Psychologe Limerenzphase, er dauert so um die drei Monate an, dann kehrt der Mensch langsam auf den Boden der Tatsachen zurück. Natürlich beeinflusst er auch das Sprachverhalten.

Nehmen wir an, der Mann stößt sich beim Einsteigen ins Auto den Kopf. Während der Limerenzphase wird die Frau sagen: Oh, Schatzilein, hast du dir wehgetan? Danach wird derselbe Vorfall so kommentiert: «Ohhhhhh, jedesmal dasselbe, kannst du nicht aufpassen?» Bei 120 auf der Autobahn platzt ein Reifen, aber es geht noch mal gut. Limerenzphase: «Oh, du bist so toll, du hast uns gerettet!» Danach: «Das ist alles deine Schuld!»

Natürlich unterscheidet sich auch in der Nachherphase das männliche Denken und Sprechen stark vom weiblichen. So lernt ein Mann, der eine Beziehung eingeht, z.B. das Wort Kompromiss neu. Nehmen wir an, er hat Geburtstag. Er möchte 50 Leute einladen, sie 150. Also einigt man sich auf 150. Oder nehmen wir den Kreuzweg des Mannes, besser bekannt als Schaufensterbummel. Der weibliche Teil der Lebensgemeinschaft bekommt dann einen Blick, dass man unwillkürlich meint, Jagdhörner zu hören. Im limbischen System der Frau bleibt wieder mal kein Stein auf dem anderen. Und dann sagt der Mann: »Aber du hast doch schon so viele Schuhe.« Dieser Satz ist weder grausam, brutal oder auch nur unsensibel, er ist auch inhaltlich sicherlich richtig, aber er ist etwas viel Schlimmeres, er ist geradezu rührend blöd. Er belegt nämlich die Unvereinbarkeit von zwei Standpunkten und führt natürlich zu einer empfindlichen Beziehungseintrübung.

Auch zwischen Männern und Frauen, die nicht in einer Beziehung stehen, können unterschiedliche Befindlichkeiten die Kommunikationsfähigkeit stören. Ich war letztens in einer großen, wunderschönen Spielwarenhandlung, um ein Reiseschachspiel zu kaufen. Die junge, zugegeben auch hübsche Verkäuferin drehte mir noch etliches mehr an. Beim herzlichen Abschied gab sie mir einen Spielwarenprospekt mit den Worten:

»Falls Sie mal was für Ihre Kinder oder Enkel brauchen.«

Tränenblind verließ ich die Klitsche und hatte noch tagelang zu kauen an dem, was bei mir angekommen war: »So, Opa, nun verpiss dich und geh sterben.« Dabei war alles, was ich hätte hören wollen: »Sie riechen aber lecker nach Rauch und Schweiß!«

SIE Tod

Die erste Bekanntschaft mit meinem Tod machte ich im Alter von 12 Jahren, nachdem ich mit dem Fahrrad in die Straßenbahnschienen geraten war und mit ansatzlosem Salto vor einem Linienbus landete. Der auf mich zurollende, riesige Reifen würde meinen Kopf zerquetschen, wenn er nicht augenblicklich stoppte, ergab die Millisekunden dauernde Überprüfung meiner Lage, und ohne Kopf wollte ich nicht weiterleben – wie sieht denn das aus. Ich zog mich ganz in mich zusammen und hoffte inständig, mein Tod könne mich vor diesem Unglück bewahren.

Für eine kurze Zeit hat er mich wohl in seine Arme genommen, denn ich spürte den Schmerz kaum, den der Reifen verursachte, als er mir über die Haare rollte und mir dabei einige Büschel herausrupfte. Er hat mir auch die Augen und die Ohren zugehalten, denn ich bekam wenig mit von dem Entsetzen und den Aktivitäten, mit denen die anwesenden Mitmenschen beschäftigt waren. Den Director's Cut dieses Geschehens zeigte er mir erst viel später, und in fürsorglicher Art nur häppchenweise. Er entließ mich damals erst aus seiner schützenden Umarmung, als mein Fahrrad erneut zusammengebaut war, die Schulbücher wieder ihre Tasche füllten und ich auf den Treppen eines Briefmarkenladens, wo man mich hingesetzt hatte, in das weinende Gesicht meiner Freundin schaute, die immer wieder ›Moni, sag doch was!‹ schluchzte. Es ging nicht. Ich bekam kein Wort heraus, so sehr ich mich auch anstrengte. Humpelnd, mit steifem Knie das Fahrrad schiebend, setzte ich mit meiner Freundin den Weg zur Schule fort. Ich hatte zwar die Sprache verloren, aber mein Kopf war noch dran. Dafür war ich meinem Tod, der mir wie ein Retter in allerhöchster Not erschienen war, dankbar. Wen wundert es, dass meine Sprache für dieses absurde Empfinden keine Worte fand und ihre Mitarbeit vorübergehend einstellte.

Später begegnete ich öfter dem Tod, aber dem von anderen. Von meinem eigenen hörte ich Jahre, ach jahrzehntelang nichts und hatte ihn schon fast vergessen, da stand er plötzlich auf der Matte. Nicht, dass ich mich in einer lebensgefährlichen Situation befunden hätte, im Gegenteil, er tauchte auf in einem Moment schwerster Verliebtheit in das Leben, um auch mir den gewaltigen Schreck einzujagen, für den er ja berühmt ist. ›Es wird alles vorbei sein! Alles!‹, flüsterte er mir ein. ›Und nichts wird von dir und deinem Leben übrigbleiben. Nichts! Absolut nichts!‹

Das Blut in meinen Adern war auf der Stelle schockgefroren, Gehirn- und Empfindungstätigkeit abgestellt und ich verharrte absolut regungslos in einem Zustand der Betäubung, wie nach einem klassischen K. o. Seine Botschaft hatte mich mit Lichtgeschwindigkeit in eine endlose, einsame Leere katapultiert und es dauerte Jahre gefühlter Zeit, bis ich das leise Stimmchen meines Lebenstriebs vernahm: ›Hallo, es ist noch nicht so weit. Jetzt noch nicht!‹ Ich kam wieder zu mir und fühlte einen süßen Schmerz, als mein Blut und mein Hirn sich langsam wieder in Bewegung setzten, um Fahrt für eine rasante Panikattacke aufzunehmen. ›Aber es kann jeden Moment vorbei sein‹, klugscheißerte mein Ego ängstlich, ›heute noch, morgen, nächste Woche.‹ Ein Leben ohne mich!? Mir wurde schlecht. Es hatte keinen Sinn, über meine statistische Lebenserwartung nachzudenken. Es stimmte, es kann sehr schnell gehen, schneller als einem lieb ist. Mir wurde noch schlechter. Getrieben von der Vorstellung, ich müsste wirklich gleich den Löffel abgeben, überlegte ich, was zu tun übrigbliebe. ›Oh Gott, ich muss noch den Keller aufräumen,‹ schreckte ich hoch, und ich schämte mich fast dafür, dass ich meinen Hinterbliebenen beinahe einen bis unter die Decke mit Gerümpel vollgestellten Keller zurückgelassen hätte.

Es brauchte einige Tage, bis dieses Trauma halbwegs aus den Knochen geschüttelt war. Warum hatte er sich ausgerechnet einen meiner glücklichsten Momente ausgesucht, um seine atemraubende Macht zu demonstrieren? Vielleicht kann er gar nicht anders, nahm ich ihn nun in Schutz. Vielleicht ist es seine Natur, sich ausschließlich mit exzellenter, leidenschaftlicher Dramaturgie unvergesslich in Szene zu setzen. Sein erneuter Auftritt bei mir war jedenfalls wieder ein voller Erfolg. Der Blick auf die eigene Vergänglichkeit schärft die Wahrnehmung und macht aus meinem Lebenssaft einen zaubertrankähnlichen

Hochprozentigen, der ungeahnte Kräfte weckt. Mein Tod als Kraftspender. Na toll, ist man geneigt zu denken; allerdings hat die Sache auch einen Haken. Diese Kräfte möchten nur sinnvoll eingesetzt werden. Und das Aufräumen des Kellers gehört nicht mehr dazu. Wofür hat man ihn denn!

ER Tod

Manchmal, wenn mir melancholisch ist, gehe ich in meine Stammkneipe, trinke einen bis acht Fish – das sind drei Teile irischer Whisky und ein Teil Baileys auf Eis und heißt so, weil Fish, der Sänger von Marillion, das immer geordert hat, erzählt zumindest Uwe, der Wirt – und breche eine Diskussion mit einem der dort immer verfügbaren Musiker oder Poeten vom Zaun, über Musik, Poesie, Sex im Alter, Alter ohne Sex oder gern auch mal den Tod. Dabei habe ich schon die unterschiedlichsten Standpunkte eingenommen, was auch die einzige Möglichkeit ist, denn der Tod steht ja nun mal fest als Ende all unserer Bemühungen, zumindest in Musikerkneipen, wo der Jenseitsglaube eher selten anzutreffen ist, häufiger schon der Glaube an die Wiedergeburt, aber das ist ja auch nur eine Art Verlängerung, bevor es endgültig ins Nirvana geht.

Rudi, ein durch viele Lesungen gestählter Literat, überraschte mich unlängst mit der These, dass Sterben keinesfalls immer im Plan der Natur stehe. Einzeller, so Rudi, teilen sich theoretisch unendlich oft, sind also eigentlich unsterblich. Wir, die höchstentwickelten Lebewesen, die sich durch Paarung fortpflanzen, sterben. Also bezahlen wir fürs Ficken mit dem Leben. Lohnt sich das wirklich?, fragte Rudi.

Ich sagte: Rudi, ich gebe dir zu bedenken, dass du als Einzeller voraussichtlich nie einen Bestseller schreiben wirst, und dass Schriftsteller durchaus Spaß am Sex haben wissen wir von Henry Miller, Charles Bukowski, Casanova und vielen anderen, und ob ewiges Leben heutzutage wirklich wünschenswert ist, da wollen wir doch erstmal gucken! Das Klima verändert sich, bald darf man gar nicht mehr in die Sonne, ohne sofort Hautkrebs zu kriegen wegen des Ozonlochs, wenn man nicht vorher ersäuft, weil die Polkappen schmelzen, Urlaub am Meer geht ja gar nicht mehr wegen Seebeben, den Rest erledigen die Vogelgrippe und die Radfahrer, zumindest in den Großstädten. Dieser ganze Gesundheitswahn ist doch Quatsch! Laufen macht die Knie kaputt, noch mehr Laufen schwächt das Immunsystem, der ganze Schlankheitswahn, nur Abzocke! Kalorienreduzierte Lebensmittel? Lightbeer, 30 % Kalorien weniger, hey, toll, aber es schmeckt 100 % Scheiße. Im Gegenteil, es müsste Läden geben für Leute, die darauf pfeifen! Hey, wenn Sie Spaß haben wollen, kommen Sie zu uns, wir haben Bier mit doppelt so viel Alkohol wie normal.

Dann haben wir erstmal noch zwei Fish getrunken, den ekligen süßen Geschmack mit einem Bier runtergespült und uns dann auf den epikureischen Standpunkt geeinigt, dass der Tod uns nichts angeht, denn solange wir leben, ist er nicht da, und wenn er kommt, sind wir tot. Wir vervollständigten den Gedanken des Altmeisters dann dahingehend, dass der Tod an sich nichts Schlimmes ist, wenn das Sterben einigermaßen angenehm verläuft. Der Hertha-Fan träumt na-

türlich vom Herzschlag auf der Tribüne, nachdem sie praktisch mit dem Schlusspfiff das 4 zu 3
schießen und damit Meister sind.

Wahrscheinlicher ist allerdings ein Herzschlag
mit 85 nach der 3. Nummer im Edelbordell. Ich
als Komiker träume natürlich davon, auf der
Bühne umzufallen während einer umjubelten
Vorstellung, aber das mit dem Edelbordell ist
auch o. k. Aber es gibt ja auch saublöde Todesar-
ten. Stellen Sie sich mal eine Luftaufnahme von
einem Kreuzfahrtschiff vor. Rundum Ozean, so
weit das Auge reicht, mittendrin das Schiff und
auf dem Schiff ein winzigkleiner Pool. Und ausgerechnet darin ersäuft man.

Oder man stirbt schon auf dem Weg zu der
Traumkreuzfahrt am sogenannten Touristen-
klasse-Syndrom, dem jährlich immerhin hundert
Leute erliegen. Man hockt ja beim Langstrecken-
flug zehn, zwölf Stunden wie in einer Legebatterie. Dadurch können sich Blutgerinnsel in den
mangelhaft durchbluteten Beinvenen bilden, die
abreißen, sobald man aufsteht, und die Lungen-
schlagader verstopfen. Zack, Urlaubsende, für
immer. Ich ging sehr beruhigt nach Hause.

Ein andermal kam ich mit zwei Jazzern auf das
Thema Tod, und die waren ganz anders drauf, das
macht wahrscheinlich der harte Existenzkampf,
Sie kennen den Witz: Was sagt ein Jazzer, der
einen Job hat, zu einem Jazzer, der keinen hat?
Kriegst du Mayo auf die Pommes? Egal. Wir
kamen anhand der Musikgeschichte darauf, dass
der Tod oft die Falschen holt oder zumindest zum
falschen Zeitpunkt. Erwin sagte: »Nehmen wir
mal John Lennon. 6 Revolverkugeln wurden auf
ihn abgefeuert, Yoko Ono stand neben ihm. Ja
sag mal, 5 Kugeln hätten für John doch auch ge-

reicht, oder? Egal. Und warum hat keiner 1970 Elvis erschossen, als er noch gut aussah? Alles Wichtige war gesungen, wir hätten ihn als Sexsymbol in Erinnerung behalten, aber nein, er musste viele Jahre später überfressen und bis zum Stehkragen voll mit Pillen auf dem Scheißhaus verrecken.« Aber Erwin, das muss man wissen, ist Bassmann, die sind schon eigen. Erzählt immer seinen Lieblingswitz: Was ist der Unterschied zwischen einem Bass und einem Sarg? Beim Sarg ist der Tote innen.

Wir kamen dann drauf, dass das entscheidende beim Sterben die Haltung ist, dass man sich den Mutterwitz bewahrt, also weniger wie Thomas Mann, dessen letzte Worte gewesen sein sollen: »Gebt mir meine Brille«, sondern eher wie der Verleger Ernst Rowohlt, der sagte: »Gebt mir ein Glas Doppelbock.« Daraufhin mischte sich Gustaf ein, ein schwedischer Schlagzeuger: »Wusstet ihr, dass in der isländischen Grettir Saga einer der Krieger, als er von einem Speer tödlich getroffen wird, zu seinem Nebenmann sagt: Solche Speere mit breiter Spitze kommen scheint's jetzt in Mode.« Das ist doch Comedy-Gold. Da war erstmal eine Runde Fish fällig, woraufhin wir zu Grabsteininschriften übergingen. Ich legte »Wanderer, tu niederknien, denn hier liegt ein Comedian« vor, wurde aber von Gustaf ausgekontert mit: Gott saß auf seinem Thron und sprach zu seinem Sohn: Steh von deinem Sitze auf und lass den alten Gustaf drauf.

Dann brachen irgendwann alle Dämme, von überall her kamen Zitate geflogen wie: Wenn du 100 wirst, bist du aus dem Schneider, denn nur sehr wenige Leute sterben mit über 100, oder: Das Sterben kann nicht so schwierig sein, bis jetzt hat's noch jeder geschafft, bis hin zu: Es gibt durchaus Sex nach dem Tod. Man kriegt nur nichts davon mit. Irgendwann, einige Fishs später, ging ich, nicht ohne mich auf dem Heimweg zu fragen: Wie wäre die Weltgeschichte verlaufen, wenn man nicht John F. Kennedy erschossen hätte, sondern Chruschtschow? Man weiß es nicht, aber man kann wohl mit Sicherheit sagen, dass Onassis' Frau Chruschtschow nicht geheiratet hätte.

SIE Angeben

Aufschneiden, den Max machen, Schaum schlagen, vom Leder ziehen. Angeben ist so überflüssig wie das Einschweißen von Laminierfolie.
Warum geben Angeber an? Wie wird man Angeber? Wenn ich jetzt psychosoziale Erklärungsmuster aus dem Hut ziehe, bin ich schon ganz dicht dran, selbst dem Angeben das Wasser zu reichen. Stelle ich mir das Angeben als harmlose Beeinträchtigung der normal menschlichen Umgangsformen vor, macht es mir jedoch zu wenig Wellen. Also stelle ich mir einen Bazillus vor. Den Strunzicus vulgaris, der manche Menschen erfolgreich befällt, andere ungeschoren lässt.
Er ist weltweit in Aktion und sucht seine Opfer unabhängig von Geschlecht, Glaubenszu- oder Staatsangehörigkeit. Er ist kein lebensgefährlicher Gesundheitsschädling, sondern gehört eher zur Familie der possierlichen Angreifer auf das ta-

gestaugliche Immunsystem, genauso wie Nervensägen, Alleskönner und Besserwisser.

Unter dem Mikroskop erkennt man sein typisches Aussehen. Er trägt goldene Hosenträger und eine doppelte Elvis-Tolle. Er hat 25 Kreditkarten in der Tasche, davon mindestens eine von der Bank von Kuwait. In den Händen hält er das Edelholz-Ruder seiner Segelyacht, das erstaunlicherweise länger ist als die Yacht selbst, und auf seiner Stirn erstrahlt in regelmäßigen Abständen in Leuchtschrift sein Lebensmotto: Dezenz ist Schwäche.

Dieser Bazillus ist nicht lebensnotwendig wie z. B. einige seiner Kollegen in der Darmflora, die eine fest umrissene, sinnvolle Tätigkeit ausüben. Der Strunzicus sucht passenden Nährboden in der Psycholandschaft seines Wirtes. Ideal eignet sich dazu bewunderungsdefizitäres Brachland. Genau hier beginnt sein kurioses Wachsen und Wirken.

Im Straßenverkehr fallen durch den Angeber-Bazillus Infizierte zum Beispiel durch PS starke Autos mit schwarz getönter Verglasung oder durch überlaute Beschallung ihres fahrbaren Untersatzes auf. Schafft es so ein Mensch, eine Stereoanlage von Linienbusgröße in seinem Kleinwagen unterzubringen, kann man von einer voll ausgereiften Infektion sprechen. Weitere Auffälligkeiten werden bemerkt im Bereich der Kleidung, der Haartracht, des Sprechstils und des Augenaufschlags. Hierzu hat jeder von uns seine eigenen erfahrungswissenschaftlichen Parameter.

Die Wohlfühl-Umgebung des Angebers ist die Gesellschaft von Nichtangebern, im Idealfall der Kreis seiner Fans. Wären sie ständig unter ihresgleichen, bestünde die Gefahr einer sofortigen Genesung. Parkten beispielsweise samstags morgens in seiner Wohngegend nur rosa Cadillacs, müsste er seinen Status neu überdenken oder sein Auto umspritzen. Weil Angeber sich gegenseitig abstoßen wie zwei negativ geladene Teilchen, besteht – Gott sei Dank – nicht die Gefahr einer Verschwörung oder gar Epidemie.

In der virtuellen Welt des Internets finden Angeber ungeahnte neue Möglichkeiten. Chat-Rooms sind ein wahres Eldorado für Komplimente-Digger. Hier kann jeder seinen Claim grenzenlos abstecken, ohne dass es zu Schießereien kommt. Bis es zu einer Bildübertragung oder einem realen Treffen kommt, kann man hier in die Tasten beziehungsweise auf die Kacke hauen, bis der Arzt kommt – ohne Scham wegen der Sommersprossen und ohne die Gefahr, dass ein Gegenüber das benutzte Deo Marke Eigenlob riechen könnte.

Im wirklichen Leben geht es meist unspektakulärer zu. Der normale Mensch denkt sich beim Anblick eines zu 100 % ausgewachsenen Angeber-Exemplares, na das ist ja ne dolle Nummer, den oder die muss ich unbedingt mal meinen Kollegen zeigen. Man verfährt mit Angebern so wie Computerfachleute mit den neuesten Viren: Sie werden untereinander ausgetauscht, damit sich jeder von ihrer Programmierqualität und Arbeitsweise ein Bild machen kann, bevor man sie endgültig von der Platte putzt und zum Tagesgeschäft zurückkehrt.

ER Angeben

Das Angeben, auch prahlen oder sich dicke tun genannt, dürfte so alt sein wie die Menschheit. Genauer gesagt, wie der männliche Teil der Menschheit, der durch die Demonstration körperlicher Vorzüge oder Fähigkeiten einen möglichst hohen Platz in der Hackordnung für sich reklamieren wollte. Bei pubertierenden Männchen war zumindest bis zu meiner Jugend der Schwanzvergleich très chic, heutzutage ist es möglicherweise umgekehrt, d. h., Obermotz ist der mit dem kleinsten Handy. Ich habe bei diesen Vergleichen übrigens nie mitgemacht. Erstens war mir die Wahrung meiner Intimsphäre immer schon wichtig, und zweitens lagen meine besonderen Stärken immer schon auf geistigem Gebiet. »Wissen ist Macht« war lange Zeit die Einleitung meiner – ich darf wohl sagen – gefürchteten, individuell zugeschnittenen Poesiealbumswidmungen, wobei ich bemüht war, meine aktuelle Interessenlage mit den meist doch arg limitierten kognitiven Kapazitäten auf Empfängerseite auszubalancieren. Ein Beispiel: Mit sieben Jahren wollte ich Förster werden, wusste praktisch alles über Tiere und war unsterblich verknallt in die gleichaltrige Elisabeth. Ihr schrieb ich ins Buch:

Liebe Elisabeth, Wissen ist Macht. Wusstest du, dass der in Kolumbien vorkommende Goldene Pfeilgiftfrosch (Phyllobates terrilis) das wirksamste aller Tiergifte produziert? Wenige millionstel Gramm sind für einen Menschen absolut tödlich. Zufällig besitze ich ein Fläschchen und würde es auch gegen jeden verwenden, der dir dumm kommt. Dein Jürgen.

In Peters Poesiealbum findet sich, sofern es noch

existiert, ein weiterer Eintrag aus meiner Försterphase. Peter war in Gisela verschossen.

Lieber Peter. Wissen ist Macht. Wusstest du, dass der Feuerkäfer (Neopyrochroa flabellata) als Sexuallockstoff Kantharidin benutzt? Das Interessante ist, den bildet und scheidet nicht er selber aus, sondern der Blasenkäfer. Gisela findet Kantharidin auch toll. Zufällig besitze ich ein Fläschchen und könnte dich gegen Zahlung von jeweils zwei Mark damit betupfen. Dein Jürgen.

Laut meinen Tagebuchaufzeichnungen aus dem Jahre 62 tätigte ich meine letzte Eintragung in ein fremdes Poesiealbum am 26. April jenes Jahres, anlässlich des 13. Geburtstags von Petra. Mein Berufswunsch in dieser Phase: Priester.

Liebe Petra. Wissen ist Macht. Wusstest du, dass Onan, der Sohn des Juda, der sich dessen Befehl, mit Tamar, der Frau seines verstorbenen Bruders, Kinder zu zeugen, widersetzte, indem er zwar mit seiner Schwägerin schlief, seinen Samen aber zur Erde fallen und verderben ließ, wofür Gott ihn sterben ließ, somit gar nicht die Onanie erfunden hat, sondern den Interruptus? Dein Jürgen.

Dummerweise geriet das Poesiealbum in die Hände von Petras Klassenlehrerin, einer Nonne, die es an meinen Direktor weiterleitete, der wiederum meine Eltern und meinen Religionslehrer ins Bild setzte, was das Verhältnis zu Letzterem schlagartig schockfrostete und mich umgehend aus der Priesterlaufbahn katapultierte.

Die Rekordumsätze von Büchern wie *Schotts Sammelsurium* und ähnlichen Kompendien nutzlosen Wissens belegen, dass zahllose meiner Epigonen sich heute gleichfalls lieber mit bizarren Fakten munitionieren, um sie in die gesellige Runde zu feuern, wenn's passt, statt den Bizeps aufzupumpen oder das Genital vergrößern zu lassen. Das Dumme an umfassender Bildung ist, dass sie in alltäglichen Situationen nach wie vor zu selten abgefragt wird, der passionierte Bildungshuber, vulgo Klugscheißer muss also sehen, dass er sein Wissen wie selbstverständlich einfließen lässt. Lassen Sie mich das an einem konkreten Beispiel erläutern. Folgendes Setting: Ich sitze (sic!) mit einer Dame in einem, sagen wir, chinesischen Restaurant. Ich möchte die Dame so beeindrucken, dass sie nicht umhinkommt, mir gen Ende des Abends den Beischlaf aufzudrängen.

Sie: »Schönes Lokal.«

Ich: »Ich hoffte, dass es Ihnen gefällt, ich liebe besonders die Drucke dort drüben, sie zeigen Werke aus der Song Dynastie, zwischen dem 10. und 13. Jh., als die Tuschmalerei sich zu höchster Blüte entwickelte. Wussten Sie übrigens, dass tuschen, also schwarze Farbe auftragen, entlehnt ist aus dem französischen toucher, berühren?« Während ich das sage, berühre ich ihre Hand, sie zieht sie scheu zurück, natürlich nur, weil gerade der Kellner auftaucht.

Kellner: Haben gewählt?

Sie: Ich hätte gern die 52.

Ich: Ich möchte gern die acht Kostbarkeiten, bitte sagen Sie dem Koch, er möchte kein Glutamat verwenden und dann ...

Kellner: Welche Nummer?

Ich, seufzend: 218. Und statt Reis Bratnudeln bitte.

Kellner: Nummer?

Ich: Suchen Sie sich eine aus.

Der Kellner geht kopfschüttelnd ab. Was soll's, ich will ja nicht mit ihm intim werden. Noch über meinen kleinen Reim schmunzelnd, sage ich: »Wussten Sie eigentlich, dass der Begriff Nummer

erst im 16. Jh. aus der italienischen Kaufmanns-
sprache ins Deutsche übernommen wurde, unter
anderem in die Zirkus- und Varietésprache ein-
ging, wo die einzelnen Darbietungen numme-
riert sind, die große, also die letzte Nummer ist
der Höhepunkt, das heißt für mich natürlich
immer: lange warten. Nummer ist also ganz schön
polysem, also mehrdeutig. Woher allerdings die
erotische Konnotation von Nummer stammt, ist
mir nicht geläufig.« Gut gemacht, alter Junge,
ruhig mal so tun, als ob man was nicht weiß, um
nicht als Übermensch dazustehen.

Sie: Häh?

Ich: »Na gut. Wussten Sie eigentlich, dass Goethes
Gedicht ›Über allen Wipfeln ist Ruh / in allen
Wipfeln spürst du kaum einen Hauch. / Die Vög-
lein schweigen im Walde, / warte nur balde, / ru-
hest du auch‹ eine abenteuerliche Odyssee hinter
sich hat? Es wurde ins Japanische übertragen, von
dort in der Annahme, es wäre ein Original, ins
Französische und von da wiederum ins Deutsche.
Da hieß es dann: ›Stille ist im Pavillon aus Jade. /
Krähen fliegen stumm zu beschneiten Kirschbäu-
men im Mondlicht. / Ich sitze und weine.‹«

Was ist das? Sie sieht aus dem Fenster, ihre
schmalen Schultern beben, ja zucken fast. Eine
Träne zieht ihre feuchte Spur in ihre Wange. Ge-
wiss, ich bin verdammt gut im Rezitieren, aber
dass sie das so mitnimmt … Sie wendet sich mir
zu, lächelt, ich nehme ihre Hand, sie lässt es nur
zu gern geschehen. Wussten Sie eigentlich, ki-
chert sie, dass gerade Ihr Auto abgeschleppt worden ist?

SIE Schämen

Wenn man einen Mann darauf aufmerksam macht, dass sein Hosenstall offen ist, und mit Blick auf die Stalltür bemerkt: Na, Werbewoche?, kann man lustige Reaktionen erleben, von peinlich berührt bis verlegen humorig, aber immer auch mit einer leichten Rötung der Wangen kombiniert. Dieser vollautomatische Färbeprozess mitten im Gesicht ist durch nichts zu verhindern und für alle sichtbar. Er ist das Ergebnis einer chemischen Keule, die man sich anscheinend selbst, von innen her, vor den Schädel haut. Diese körpereigene Nahkampfattacke wird ohne Rücksicht auf Geschlecht und Alter, Einkommen und Ausbildung geführt, und sie kann jeden treffen, sogar den Papst.

Das Schämen ist eine sonderbare Energie des Menschen. Sie pfuscht einem genauso ins tägliche Handwerk wie das Unterbewusstsein. Sie kommt so überraschend ans Tageslicht wie ein Freudscher Versprecher, düpiert ruck, zuck die eigene Persönlichkeit und lässt sie mit rotem Kopf total verunsichert zurück. Sie taucht immer dann zielstrebig auf, wenn man beim Lügen oder kleinen Betrügereien erwischt wird oder wenn man sich entgegen dem gesellschaftlichen Kodex unvermittelt triebhaft oder obszön präsentiert hat. Zur Strafe pumpt die Schämenergie augenblicklich soviel Blut in den Kopf, wie ihr für die Schwere des Vergehens angemessen erscheint. Eine offene Hose kommt meist mit hellrosa davon, sich in eine Torte setzen oder dem Spielpartner in die Karten gucken zieht schon hellrot nach sich, und die Selbstpräsentation als Vollidiot hat die rot leuchtende

Glühbirne zur Folge, die über das ganze Land hinweg erstrahlt.

Der begossene Pudel ist nur ein milder Vergleich zum menschlichen Schämzustand, denn dieser wird noch zusätzlich dadurch gekrönt, dass man kurzfristig zur Salzsäule erstarrt. Auf ganzer Linie und auf allen Ebenen, also körperlich, seelisch und geistig, reagiert man allergisch, und zwar auf sich selbst. Man möchte sich am liebsten fristlos kündigen, rauswerfen, feuern, und wäre heilfroh, sich nie kennengelernt zu haben. Durch Hervorbringen dieses einmaligen Zustands macht die Schämschaltzentrale augenblicklich und unmissverständlich klar, dass dieses gerade eben missglückte Verhalten in Zukunft auf dem Index steht.

Diese Rückrufaktion zur Korrektur der erbrachten Eigenleistung ist eigentlich wunderbar und ungefähr so, als ob sich Fußballspieler nach einem Foul selbst vom Platz stellten. Aber damit ist es der automatischen inneren Selbstkontrolle nicht genug. Sie verankert das Schämerlebnis gnadenlos in allen möglichen Gehirninstanzen, um gegen den Wiederholungsfall Vorsorge zu treffen. Wenn ich z. B. den Namen Ilona höre, wird mir immer noch unwohl, und das seit Jahrzehnten. Mit diesem weiblichen Vornamen ist mein fürchterlichstes Schämerlebnis verbunden. Ilona war eine Nervensäge im Dauereinsatz und saß im Konfirmandenunterricht links neben mir. Es überkam mich überraschend. Wohl in der Annahme, sie würde wie ein Luftballon platzen, piekste ich sie mit einer Stecknadel in den Po, und das ausgerechnet vor den Augen des Pastors, dem Vertreter Gottes. Ich versank sofort in den kirchlichen Grund und Boden vor lauter Scham.

Mein Vergehen kam mir wie Hochverrat am Christentum vor, und meine Stammzellen tobten, als wollten sie mich rückgängig machen. Komischerweise habe ich seitdem nie wieder eine weibliche Person mit Namen Ilona kennengelernt.

ER Schämen

Ein beliebtes Spiel unter unreifen Psychologen ist: den Zytokinmotor ankurbeln. Das heißt, jemanden bloßstellen, ihn dazu bringen, sich zu schämen. Wenn wir bei einem Galadiner einen Nachrichtensprecher laut über den Tisch hinweg fragen: Hast du eigentlich mittlerweile was wegen deiner Phimose unternommen, und ihm dann, noch während er das ganze Spektrum der Rottöne auslotet, eine Speichelprobe entnehmen, wird die Untersuchung eine hohe Konzentration von proinflammatorischen Zytokinen sowie Interleukin-1 und Tumor-Nekrose-Faktor alpha ergeben, allesamt Botenstoffe der Immunzellen, die Entzündungen anfachen und die Abwehrkräfte regulieren. Man fühlt sich schlapp, will ins Bett, das ist auch von der Natur gewollt, damit der Organismus sich auf die eingedrungenen Keime konzentrieren kann. Genauso und, wie wir jetzt wissen, aus demselben körperchemischen Grund will der Mensch, wenn er sich schämt, vom Erdboden verschwinden, ersatzweise ins Bett. Wenn man »schämen« als »wie der Depp dastehen« versteht, schämen sich übrigens auch Tiere. Man hat herausgefunden, dass sozial untergeordnete Tiere, die mit einem überlegenen Artgenossen zusammengesperrt werden, eine unterwürfige Demutshaltung annehmen. In ihrem Blut finden sich auch die weiter oben erwähnten Botenstoffe. Das wunderbare Wort »Der Mensch ist das einzige Tier, das sich schämen kann, und er hat auch als Einziger Grund dazu« stimmt also nicht, worauf Sie beim nächsten gesellschaftlichen Anlass schonmal hinweisen können (vgl. *Angeben*).

Als Kind litt ich unter häufigem Erröten, d. h., meine Blutbahnen wurden alle nasenlang von Zytokinen und Konsorten überschwemmt. Natürlich sagte sich der Organismus irgendwann, als ich eine Grippe kriegte und die Zytokine ihr nützliches Werk in Angriff nehmen wollten: Ihr könnt mich mal, das Weichei ist doch nur mal wieder rot geworden, weil er an die Tafel musste und verkackt hat, von wegen Immunabwehr. Von da an lag ich häufig mit Grippe im Bett, konnte viel lesen und wurde so klug, wie ich heute bin. Jedes Schlechte hat auch sein Gutes.

Natürlich las ich zwischen zwei Fieberschüben nicht nur gute Bücher, sondern auch schweinische, woraufhin ich dann Handlungen an mir vornahm, für die ich mich als guter Katholik dann schämte. Schon standen wieder die Zytokinen auf der Matte …

Es wären sicher noch mehr gewesen, wenn ich damals schon gewusst hätte, dass der 1600 zum Glück verstorbene Bibelgelehrte Benedicti von den Beichtlingen eine penible Angabe der näheren Umstände der Liebe an und für sich forderte: *Wenn jemand diese Sünde begeht und dabei denkt, mit einer verheirateten Frau zu verkehren, oder dieses begehrt, so ist das außer der Sünde der Verweichlichung Ehebruch; wenn er eine Jungfrau begehrt, ist es Schändung; wenn er seine Verwandte begehrt, ist es*

Inzest; wenn er eine Nonne begehrt, ist es Sakrileg;
wenn er einen Mann begehrt, ist es Analverkehr, so
auch für Frauen bezüglich der Männer.

An der grundsätzlich ablehnenden Haltung der
Kirche hat sich bis heute nichts geändert, wohl
aber an meiner. Ich schäme mich schon sehr
lange nicht mehr, seit ich bei Schopenhauer Folgendes fand: *Die Befriedigung der natürlichen Be-*
dürfnisse, sogar der Geschlechtstrieb, ist nur die Aus-
führung in der Zeit jenes Willens, von dem der Leib,
in seiner Form und Zweckmäßigkeit, die Erscheinung
im Raum ist; jene Befriedigung ist also nur in der Dar-
stellungsweise vom Leibe selbst verschieden. Sie ist
die Bejahung des Leibes. Na also. Hast du dich
selbst befriedigt, mein Sohn? Aber hallo, Pater,
ich habe meinen Leib bejaht, aber sowas von!
Und Freud riet 1908 sogar ausdrücklich davon ab,
den Sexualtrieb anders als auf dem Wege der Befriedigung bewältigen zu wollen. »Die meisten
werden neurotisch oder kommen sonst zu Scha-
den.«

Wem das alles zu theoretisch ist, mag doch mal in
den Tagebüchern von Thomas Mann schmökern,
der z. B. am 6.3.51 schreibt, immerhin im Alter
von 76: *Seit Wochen vollständiges und ungewohntes*
Versagen der geschl. Potenz ...Da ich es ablehne,
ohne Vollerektion zu masturbieren, scheint das Ende
meines physischen sexuellen Lebens gekommen. Am
19.1.hatte es noch geheißen: *Heftiges Geschlechts-*
leben in letzter Zeit. Und siehe da, am 9.3. lesen
wir erleichtert: *Das Erlöschen der Potenz – voreilige*
Bemerkung. Was dem deutschen Literaturtitan ak-
tenkundig liebe Gewohnheit war, sollte doch
dem Normalsterblichen kein Grund zur Heim-
lichtuerei sein.

Abschließend vielleicht noch ein theologisches

Argument: Wenn Gott wirklich nicht gewollt hätte, dass wir an uns herumzuppeln, hätte er uns kürzere Arme gemacht. Wenn alle so denken würden, gäbe es kein Zytokin mehr außerhalb der Grippesaison. Denn das ist ja das Fatale am Schämen: Esse est percipi – Sein ist wahrgenommen werden, oder wie Nietzsche sagt: *Die Menschen schämen sich nicht, etwas Schmutziges zu denken, aber wohl, wenn sie sich vorstellen, dass man ihnen diese schmutzigen Gedanken zutraue.* Wir wollen nicht unbedingt moralisch einwandfrei sein, wir wollen aber sehr wohl vor den anderen so dastehen. Und moralisch hat nicht immer mit Sex zu tun, ich möchte nicht, dass Sie denken, ich sei in irgendeiner Weise auf dieses Thema fixiert. Moralisch handeln heißt, das Richtige tun, im Kant'-schen Sinne, der ein moralisches Gesetz in uns annahm. So handeln, dass man sich anschließend nicht zu schämen braucht, wenn es einer mitkriegt. Nehmen wir eine Grenzsituation: Ich, oder besser Sie, treiben auf einem zu schwer beladenen Floß nach einem Schiffsunglück im Meer. Sie sind der Einzige, der das Floß steuern kann, die beiden anderen sind ohnmächtig. Am Horizont taucht Land auf. Sie haben eine Chance, das rettende Ufer zu erreichen, aber nur, wenn Sie einen der beiden anderen über Bord werfen, anderenfalls sinkt das Floß und alle sind verloren. Die beiden anderen sind Ausländer: einmal der Dalai Lama, einer der eindrucksvollsten spirituellen Denker unserer Zeit, und eine junge, sehr hübsche Asiatin. Wie entscheiden Sie? Ich möchte nicht in Ihrer Haut stecken, aber Sie sollten sich sicherheitshalber schon mal schämen.

SIE Frauen

Ein irisches Sprichwort besagt, dass drei Arten von Männern im Verstehen der Frauen versagen: junge Männer, Männer mittleren Alters und alte Männer. Da haben die alten Iren zweifellos Recht, und Frauen fragen sich ihr Leben lang, woran das wohl liegen mag, denn schließlich reden wir ja ständig über alles, was wir denken, fühlen und wünschen.

Die Fähigkeit, mittels Sprache zu kommunizieren, zeichnet den Menschen, aber ganz besonders die Frauen aus. In der Praxis sind sie weitaus aktiver als Männer, und es bereitet ihnen größere Freude, Erfahrungen, Ideen und Informationen mitzuteilen und auszutauschen. Auf längeren Bahnfahrten habe ich das oft erlebt. Mit Frauen kommt man ruck, zuck ins Gespräch und tauscht wichtige Lebenserfahrungen aus, auch ohne sich näher zu kennen. Neulich erst setzte sich eine tolle Frau – ein Festival für die Augen – zu mir und strahlte mich an. ›Mir ging's nicht immer so gut. Ich bin erst seit einem Jahr wieder am Leben,‹ eröffnete sie das Gespräch, und zwischen Düsseldorf und Bochum erfuhr ich von ihrem bewegenden Schicksal, dem Verlust eines geliebten Menschen, Depressionen und einem Leben hinter geschlossenen Vorhängen. Erst mit dem Entschluss, wieder arbeiten zu gehen, vollzog sich eine überraschende Wende, denn gleich bei ihrem ersten Einsatz verliebte sie sich über beide Ohren und war zwei Monate später wieder glücklich verheiratet. ›Wissen Sie,‹ sagte sie mir zum Abschied, ›ich dachte immer, eine große Liebe wäre mehr, als man sich wünschen kann, aber zweimal im Leben die große Liebe zu erleben, also, ich hätte nie gedacht, dass das möglich ist. Ich bin so glücklich.‹ Ja, und ich war es gleich mit und gab meinen grauen Zellen Anweisung, das Thema Große Liebe neu zu bearbeiten.

Derart offene und persönliche Zufalls-Unterhaltungen sind mit Männern kaum möglich. Mit ihnen landet Frau meist im Small-Talk-Kreisverkehr – es sei denn, sie hat das Glück, einem Womanizer zu begegnen, einem Mann, der sich gerne mit Frauen unterhält und dabei noch charmant und humorvoll ist. Aber die sind rar gesät, und die zwei Männer, die sich bei meiner letzten Bahnfahrt im Bistro zu mir gesellten, waren eher meilenweit davon entfernt. Außer einem kurzen beiläufigen Nicken zur Begrüßung kam kein Mucks aus ihnen. Sie beschäftigten sich intensiv mit ihrem Kaffee, rauchten dazu und starrten nahezu synchron aus dem Fenster. Gemeinsam auf engstem Raum zu schweigen empfinde ich als unnatürlichen Zustand, also startete ich einen Gesprächsversuch mit den Worten: ›Man sagt ja, Raucher seien kommunikativer.‹ Dieser Ansatz wurde kurz belächelt, zeigte aber ebensowenig Wirkung wie die zwei nächsten. Ihre Gesprächsmotoren wollten einfach nicht starten. Wahrscheinlich Diesel, dachte ich, die müssen erst vorglühen, und behielt Recht, denn nachdem vom Kaffee zum Bier gewechselt wurde und ich nach dem Ausgang des Fußballspiels Bayern München gegen Chelsea fragte, sprangen die Motoren an.

Richtig Leben in die Bude kam aber erst mit dem Erscheinen einer attraktiven dunkelhäutigen Frau in den besten Jahren, mit der ich mich auf Anhieb verstand. Mit heller Begeisterung und spanischem Akzent erzählte sie mir von der

Messe, die sie gerade besucht hatte. Sie holte Prospektmaterial aus ihrer Tasche, zeigte mir die neuesten Entwicklungen auf dem Gebiet der Wasserwiederaufbereitung und intelligente Systeme zur Energieeinsparung, die, wie sie sagte, in ihrem Land dringend gebraucht würden. Jetzt kamen die beiden Diesel langsam in Fahrt und fragten neugierig, woher sie denn käme. ›Ich bin Afrikanerin, meine Vorfahren sind als Sklaven in die Karibik gebracht worden und von da aus hat es meine Familie nach Venezuela verschlagen‹, erklärte sie freimütig und selbstbewusst und fügte – wohl um den Erotikfaktor etwas zu dimmen – gleich dazu, dass sie glücklich verheiratet und Mutter zweier erwachsener Kinder sei und seit 20 Jahren in Deutschland lebe. Wie das Leben in Deutschland für eine Ausländerin so ist, wollten sie nun wissen, und sie gab als größte Schwierigkeit die Kommunikationsmuffeligkeit an. Und siehe da, meine beiden Diesel, mittlerweile auf Betriebstemperatur, pflichteten ihr bei!

Aus diesem Grund, fuhr sie zügig fort, habe sie den kürzlichen Besuch ihrer Heimat sehr genossen, denn dort rede man ganz selbstverständlich immer miteinander und man feiere zünftiger. Sie geriet ins Schwärmen und erzählte, dass sie dort in den Karneval geraten sei, drei Tage und drei Nächte durchgetanzt und sich anschließend wie neu geboren gefühlt habe. Calypso und nicht Samba hatte sie getanzt, erfuhren die ehemaligen Schweiger, und wiegten sich mit ihr in dem Takt, den sie mit imaginären Rasseln und leichtem Hüftschwung vorgab.

War es das Bier oder war es diese herzerfrischende Unterhaltung, die sie plötzlich locker und normal werden ließ, ich weiß es nicht, auf jeden Fall sympathisierten beide mit der Vorstellung, neu geboren zu werden, und fragten, wie man das denn körperlich durchhält. Es wird extra ein spezielles Bier mit Ginger gebraut, das man überall am Straßenrand bekommt, teilte sie noch schnell mit, bevor sie zügig den Ausstieg aus dem Gespräch und der Bundesbahn vornahm. Nun, die Rezeptur dieses Kraftstoffs blieb sozusagen auf der Strecke, aber wenn ihr mich fragt, ist sie ganz einfach: Jungs, redet doch einfach mal.

ER Frauen

Ich liebe Frauen. Nicht alle, aber so viele wie ich kann, wobei viele es einem auch schwermachen durch Äußerungen in Wort und Bild.

Man kann unendlich vieles über Frauen sagen, und alles ist falsch. Es gibt keine objektive Wahrheit über die Entität Frau. Nehmen wir einen Satz wie: »Ich bin seit 30 Jahren mit derselben Frau verheiratet.« Er ist falsch. Es ist nicht dieselbe Frau. Sie ist doppelt so alt und doppelt so dick. Mindestens. Aber darum geht es nicht. Eine Frau ist, was sie ist, immer *für jemanden*. Sie ist für den einen Mann vielleicht das aufregendste Geschöpf im weiten Erdenrund, seine Gattin sieht das vermutlich völlig anders. Damit nähern wir uns aber einem entscheidenden Punkt. Das aktuelle Urteil über einen anderen Menschen ist immer abhängig vom Benefit, von der Antwort auf die Frage: Was nützt – in unserem Falle – sie mir? Es ist eine Aussage über die Verwendbarkeit dieses Menschen in den Augen des Betrachters. Wir ahnen jetzt, was Bruce Willis gemeint haben könnte, als er einmal vom »Fuckability-Faktor« im Zusammenhang mit älter werdenden Schauspielerinnen sprach.

Damals, in meiner Sturm-und-Drang-Zeit, als ich mich nur allzu oft von den Lenden leiten ließ, zeugten meine – wie die Psychologie weiß, in Bruchteilen von Sekunden gefällten – Urteile über entgegenkommendes Weibsvolk von einem aus heutiger Sicht wenig verschachtelten Weltbild, wie es Max Goldt einmal ausdrückte. »Heutige Sicht« meint dabei ein Stadium, in dem die Bluthunde der fleischlichen Begierde über weite Strecken des Tages dösend am Kamin liegen und Herrchen dabei zusehen, wie er Schach spielt, liest oder verzückt bei einem Rotspon den Goldbergvariationen lauscht, und zwar in der Cembaloversion von Keith Jarrett. Eine Frau sollte, wenn sie mein Wohlgefallen wecken will, Humor haben, will sagen, über meine Scherze lachen, sich in meinem Lebenswerk auskennen und Teile daraus mehrmals täglich lobend erwähnen, was wiederum eine gewisse Reife voraussetzt: Belesen soll sie sein, meine Kochkünste zu schätzen wissen, im Kino an denselben Stellen weinen, na ja, diese Schiene halt.

Das allabendliche »Ausgehen, die Töchter des Landes zu besehen«, von dem in der Bibel die Rede ist, hat nichts Verlockendes mehr – abgesehen davon, dass es meiner Frau auch nicht recht wäre, mir also gar übel bekäme, sehe ich auch keinen Sinn mehr darin, »mit viel zu jungen Mädchen in viel zu dunklen Bars viel zu teure Getränke zu trinken«, wie Ry Cooder einmal sagte. Es liegt mir auch nicht mehr so viel daran, immer Recht zu behalten, was eine oft Männern zugeschriebene und vermutlich dem Testosteronüberschuss geschuldete Verhaltensweise ist. Altersweisheit wäre demnach nichts anderes als ein sinkender Testosteronspiegel. Vermutlich aus demselben Grunde käme ich übrigens auch nicht mehr auf die Idee, meine Frau in den Schwitzkasten zu nehmen, bis sie widerwillig dem Beischlaf zustimmt. Da wäre eher der umgekehrte Fall vorstellbar. Ich werde mit zunehmendem Alter weniger aggressiv, weniger wettbewerbsorientiert, weniger geltungsbedürftig, kurz, ich werde weiblicher. Wie schön.

Einparken konnte ich übrigens noch nie, wie mich überhaupt Autofahren ganz allgemein eher ängstigt. Deswegen wäre ich als Frau am besten in Saudi-Arabien aufgehoben, wo sie nicht Auto fahren dürfen. Wenn ich lese, dass Frauen mehr Verbindungsleitungen zwischen den beiden Hirnhälften haben, was eine bessere Kommunikation zwischen den links- und rechtsseitigen Fähigkeiten ermöglicht, bin ich versucht, diese Leitungen beim Schöpfer lauthals auch für mich zu reklamieren. Ich weine auch häufiger als früher bei Büchern, Filmen und Siegerehrungen aller Art. Vielleicht nicht fünfmal so häufig, und meist zwischen 19 und 22 Uhr, aber immer öfter. Und es tut mir gut. Wenn ich hingegen lese: Männer haben nur halb so viel Fettgewebe wie Frauen, bin ich echt froh, ein Mann zu sein.

Was ich Frauen nach wie vor ebenfalls nicht neide, ist das schier unstillbare Verlangen nach Schuhwerk, Schmuck und Kleidung; für nicht nachahmenswert erachte ich auch die unselige Neigung, ungemein schlichte Geschehnisse verbal nachgerade wagnerianisch ausufern zu lassen sowie das zeitaufwendige Schminkgehabe, wobei ich neulich erst im Bereich der Schönheitspflege ein für mich neues Kapitel aufschlug, indem ich auf energische Intervention meiner lieben Frau hin einer rissigen Hornhaut an beiden Hacken, die mich persönlich nie gestört hätte, täglich mit schwerem kosmetischen Spezialgerät auf den Pelz rücke.

Conclusio: Frauen wecken lebenslang in Männern je nach Lebensabschnitt variierende Wünsche, für deren Erfüllung er kämpfen muss – in der ersten Lebenshälfte seinen Spaß, in der zweiten seine Ruhe.

SIE Kinder

Kinder sind Zauberer mitten unter uns. Ihre Magie üben sie ohne hohen Hut und weiten Umhang aus. Sie benötigen auch nicht die üblichen Hilfsmittel wie Zauberstab und -besen, um uns in ihren Bann zu ziehen. An Publikum fehlt es ihnen nie. Millionen von aufgeklärten, souveränen Staatsbürgern hängen an ihren Lippen, um sich die einfachsten Begriffe wie beispielsweise ›Eierlöffel‹ erklären zu lassen. Und selbst wenn sie noch gar nicht sprechen können, vollführen sie den perfekten Tierzauber, indem sie Opa, einen renommierten Nobelpreisträger und Professor für Atomphysik, in eine Schildkröte verwandeln, die fröhlich unter dem Tisch herumkriecht und dabei laut ›Ja, wo ist denn das Tüt Tüt?‹ singt.

Der Anblick von Kindern scheint in den atavistischen Zentren unseres Gehirns etwas loszutreten, das den Verstand außer Kraft setzt und den Emotionen freien Lauf lässt. Wie sonst ließe sich erklären, dass wir völlig selbstvergessen unser komplettes Grimassenprogramm, untermalt von Urlauten einsetzen, um die Kleinen fröhlich zu stimmen. Belohnen sie unsere Bemühungen dann mit einem Lachen, schmelzen wir in einem Zustand der Glückseligkeit dahin. Selbst unsere vierbeinigen Freunde sind ihnen hilflos ausgeliefert und lassen sich von ihnen Dinge gefallen, für die sie Erwachsene sofort beißen würden. Die eineinhalbjährige Tochter eines lieben Freundes wollte zum Beispiel unbedingt ihr Fläschchen mit unserem Foxterrier teilen. Der sonst ganz und gar nicht geduldige Hund ließ es zu, dass sie ihm stundenlang den Nuckel ins Maul stopfte, bevor er die Fütterung mit einem Knurren beendete. Um dem Hund Medizin einzuflößen, mussten mein Mann und ich ihm sonst das Maul zubinden und über die Lefzen das Heilgetränk einträufeln. Als wir es auch mal mit der Babyflasche versuchten, hatten wir natürlich keinen Erfolg.

Wenn Kinder zu sprechen beginnen und ihr momentanes Verständnis ihrer Lebenszusammenhänge zum Ausdruck bringen, höre ich begeistert zu. Der kleine Wortschatz hat bei ihnen offensichtlich weit größere Variationsmöglichkeiten als mein mit Vokabeln geblähtes Autorinnen-Hirn. Mit der Sicherheit eines Profi-Komikers heben sie die Logik aus den Angeln und stellen zu meinem größten Entzücken die Welt auf den Kopf.

Überraschen Sie Ihren Chef doch mal mit der kindlich logischen Erklärung fürs Zuspätkommen: *Als ich heute Morgen aufstehen wollte, war ich noch nicht wach. Deshalb habe ich verschlafen.* Als wären sie Anhänger des Surrealismus, versetzen uns Kinder ganz nebenbei den berühmten ›image choc‹, der wohltuend befreiend wirkt. *Ein Pfirsich ist wie ein Apfel mit Teppich drauf.* Diese Umschreibung hat für mich mehr Logik als jede lateinische Bezeichnung dieser Frucht. Ebenso geben Kinder bereitwillig Nachhilfe in Realismus. Zum Beispiel sagte Basti auf die Frage des Lehrers, wo Bordeaux liege: *In Papas Keller.*

Den Stand der Weltgeschichte aus Kindermund möchte ich Ihnen auch nicht vorenthalten: *Nachdem die Menschen aufgehört hatten, Affen zu sein, wurden sie Ägypter. Dann folgte das Zeitalter der Aufklärung. Da lernten die Leute endlich, dass man sich nicht durch die Biene oder den Storch fortpflanzt, sondern wie man die Kinder selber macht.*

Selbst erinnern wir leider kaum diese Sprachphase der höchst lockeren Handhabung von Logik, Verstand und Phantasie. Wollen Sie das noch einmal erleben, machen Sie am besten selbst Kinder. Das ist ganz einfach: *Wenn man Kinder haben will, muss man heiraten. Heiraten ist gar nicht so schlimm, ein bißchen Sex, aber sonst geht es.* Doch zuerst verabreden Sie ein Rendezvous, denn das ist *dazu da, um sich zu amüsieren und die Leute sollten diese Gelegenheit nutzen, um sich besser kennenzulernen. Sogar die Jungs haben irgendetwas Interessantes zu sagen, wenn man ihnen lange genug zuhört.* Damit die Ehe ein Erfolg wird, *muss man der Frau sagen, dass sie schön ist, auch wenn sie aussieht wie ein Lastwagen.* Falls Ihnen das zu kompliziert ist, gibt es eine Alternative: *Eigentlich ist adoptieren besser. Da können sich die Eltern ihre Kinder aussuchen und müssen nicht nehmen, was sie bekommen.*

Die Krönung aller Kinder-Philosophie steckt für mich in dem Ausspruch: *Egal, wo man sich versteckt, die Liebe findet einen immer.* Da will man doch sofort das nächstbeste Versteck aufsuchen.

ER Kinder

Was ich auch sehr liebe, sind Kinder; leider sind wir ganz in Weiß eingerichtet. Gott sei Dank hat meine Frau aus erster Ehe einen kleinen Buben, sodass wir uns weitere Kinder schenken konnten. Natürlich ist die Vorstellung, im Alter von einer dankbaren Kinderschar liebevoll umhegt zu werden, wunderbar, nur deckt sie sich recht selten mit dem, was man so beobachtet. Fest steht nur, dass die kleinen Racker einen Haufen Kosten und Stress machen. Trotzdem mag es gute Gründe dafür geben, schwanger zu werden. Wenn eine Frau an Bulimie leidet, also Heißhungerattacken, gefolgt von Erbrechen, ist Schwangerschaft genau das Richtige, um die Krankheit zu kaschieren. Dann kann die Frau sagen, ich bin schwanger, ach, super, was wird es, wann kommt es, wie soll es heißen?

Das ist ja auch so ein Punkt, die Streiterei um den Namen, sie will Doreen, er Britney, und wenn's dann da ist, einigt man sich auf Quincy. Die Deutschen drehen ja mittlerweile frei, was Namensfindung angeht. Irgend jemand müsste diesen Hirnis mal sagen, dass nicht sie es sind, die später in der Schule verarscht werden. Ey, guck mal, da kommt Celina-Tiana, hallo, Jaden Gil, alte Sackpfeife, wie läufts denn? Mit wem gehst du ins Kino, mit Hannibal? Nein, ich weiß noch nicht, entweder mit Nimrod, Siddhartha oder Ray Charles. Ohne Scheiß, das sind Namen, die bereits mehrmals an Kinder deutscher Nationalität vergeben wurden.

Warum also noch mal Kinder? Männer möchten gerne beweisen, dass sie nicht impotent sind, und kommandieren gerne rum. Beides gute Gründe, sollte man meinen. Nur sind etwa 10 Prozent aller Kinder nicht vom Ehemann, und der Gesetzgeber steht nicht gerade auf Seiten der Gehörnten, wenn sie wissen wollen, was Sache ist. Und das mit dem Rumkommandieren ist auch nicht mehr wie früher, seit immer mehr gewaltbereite Adoleszenten auch noch schwerbewaffnet daherkommen. Seit der Taschengeldbedarf durch Markenzwänge auf dem Bekleidungssektor, Handyseuche und Tabaksteuererhöhungen vom Normalverdiener ohne zusätzliche Schwarzarbeit nicht zu decken ist, sind hübsche Überraschungen wie diese vermutlich an der Tagesordnung: Die Oma ruft an und sagt, Euer Andi hat mir aber einen komischen Brief geschrieben: »Liebe Oma, vielen Dank für den Hunni, jetzt brauch ich zwei Tage nicht am Bahnhof auf Freier zu warten.«

Eltern heutzutage neigen auch in gesundheitspolitischen Fragen zur Überreaktion. Da wird bei den ersten Anzeichen einer Erkältung der Rettungshubschrauber bestellt, und wenn der Sprössling irgendwas verschluckt, hat niemand mehr die Geduld, zu warten, bis es hinten wieder rauskommt. Wenn ich mir früher den Magen verkorkst und die Bude vollgekotzt habe, hätten meine Eltern eher einen Anstreicher als den Arzt geholt.

Trotzdem muss ich sagen, dass Kinder sehr zu meinem Glück beitragen, wirklich. Folgende Situation: Ich sitze mit meiner Frau in unserer Lieblingspizzeria mit der besten Pizza der Welt, die ich mir nur einmal im halben Jahr gönne, wegen der Kalorien, außerdem haben sie einen sardischen Wein, den man sonst nirgendwo bekommt. Es sind viele Familien mit vielen Kindern da, sie rennen rum, knallen vor meinen Stuhl, sodass die Gabel fehlgeht und mir eine Fleischwunde in der Backe beibringt. Nun, es hätte mich auch das rechte Auge kosten können, oder noch schlimmer: Das Stück Pizza hätte runterfallen können. Von rechts Geplärr, eine unangenehm hohe Frauenstimme stimmt mit etwa 70 dB ein: »Genoveva, warum hast du Marc Aurel den Laserpointer weggenommen, möchtest du darüber reden?«

Früher hätte ich gedacht: »Lieber Gott, was hab ich dir getan? Ich will doch nur in Ruhe mit meiner Frau hier sitzen und lecker essen und jetzt muss ich diese kleinen und großen Arschlöcher um mich herum ertragen.« Heute denke ich: »Ich bin in einer Stunde hier raus und habe meine Ruhe, diese Eltern haben die Blagen noch 20 Jahre am Hals«, und ein sehr starkes Glücksgefühl durchströmt mich, das nur noch davon getoppt wird, dass ich, wenn der nächste Hoffnungsträger kreischend an meinem Stuhl vorbeirennt, kurz das Bein rausstrecke und ihm so den uralten Menschheitstraum vom Fliegen erfülle.

SIE Single

Meine erste Single war ›Hey Jude‹ von den Beatles, und die habe ich als Schülerin den ganzen Tag allein gehört. Als meine Eltern nach Hause kamen und fragten, was das für komische Musik sei, habe ich sie umgedreht und nur noch ›Revolution‹ gehört. Von meiner zweiten Single sangen die Rolling Stones ›I can't get no Satisfaction‹, und mir ging es genauso, denn anders als die meisten hatte ich noch keinen Freund. Der Ausdruck »Single« bezeichnete damals nur die kleinen schwarzen Platten, und hätte ich meiner Freundin erzählt, dass ich nun auch nicht länger Single sein wollte, hätte sie mich wahrscheinlich sofort einliefern lassen.

So wurde mein persönliches Adventure-Spiel ›Partnersuche‹ von einem Mix aus Musik und Hormonen gestartet und erwies sich in der Folge als ein durch Lust und Leid geprägtes Unterfangen, bei dem Zwischenstopps in Himmel und Hölle zum ganz normalen Begleitprogramm gehörten. Natürlich sind es die himmlischen Erfahrungen, die dafür sorgen, dass man die Suche nicht vorzeitig frustriert aufgibt, und sicher sind es großer Liebeskummer und die Angst vor weiteren Enttäuschungen, die manche zu überzeugten Singles werden lassen, die den Rest ihrer Tage lieber als emotionale Ich-AG verbringen möchten.

Als mein Mann sich gegen Ende des siebten Ehejahres ein Modell des Colts namens ›Peacemaker Single Action‹ zu Weihnachten wünschte, hatte sich die Bedeutung des Wortes Single als Bezeichnung für alleinlebende Menschen ohne festen Partner schon im normalen Sprachgebrauch eingenistet. Natürlich machten mich der Zeitpunkt

und der Name dieser Waffe skeptisch und ich
kaufte ihm das verdammte Ding nicht und verbot ihm obendrein, es sich selbst zu besorgen.
»Waffen braucht man nicht«, argumentierte ich.
»40 Paar Schuhe braucht man auch nicht«,
bekam ich zur Antwort. Bei Verheirateten haben
diese Zündstoff-Dialoge meist längere Diskussio-
nen zur Folge. Sie sind der Preis, den man für eine
intime Partnerschaft zahlt. Was ist die Alternative? Jage ich meinen Mann fort, lande ich früher
oder später in einer der unzähligen Flirt-, Partner-
und Kontaktbörsen und verbringe meine Abende
allein vor dem Computer, um im Internet aus 4,5
Millionen Suchenden einen Neuen zu finden.
Dann braucht es weitere 10 Jahre, bevor ich wieder solche spannenden Dialoge führen kann. Die
Zeit habe ich in meinem Alter nicht mehr.
In der Jetztzeit heißt ›Single Action‹ in der Hauptsache, das Handy schnell zu ziehen. Es hängt bei
manchen Männern verdammt tief am Gürtel und
ich habe den Eindruck, die mobile Handhabung
hat mit der Pistolenjonglage von Yul Brunner in
dem Film Westworld sehr viel Ähnlichkeit. Was,
wenn in 10 oder 20 Jahren ein Handy noch mehr
kann als telefonieren, filmen, fotografieren, mu-
sizieren und Daten übertragen? Braucht man
dann noch einen lebendigen Partner?
Auf dem Markt sind bereits Produkte, die dem
Single das Leben erleichtern sollen, z. B. die CD
mit Geräuschen, die simulieren, es gäbe jemanden in der Wohnung. Mein Favorit wäre eine
Schnarch-CD zum geselligen Einschlafen. Der
neueste Knüller ist die Single-Tapete, die den Eindruck erweckt, es säße ein lebensgroßer Jemand
im Zimmer, wahlweise Mann oder Frau, auf einer
Couch oder im Sessel. Das ist ja fast wie im rich-

tigen Leben. Echte Männer sitzen auch größtenteils rum und sagen nichts, und was das Putzen angeht, steht der Tapetenmann dem echten auch in nichts nach. Sein eindeutiger Vorteil: Er krümelt nicht, verwüstet nicht die Küche und will auch nicht die Sportschau sehen. Sein Nachteil ist allerdings: Man kann ihn ausschimpfen, ohne dass er Widerworte gibt. Selbst wenn man ihm ein Glas Bier ins Gesicht schüttet, grinst er heiter weiter. Das wäre mir auf Dauer doch zu öde, da bin ich lieber verheiratet und habe jemanden, der mich tröstet, wenn das 41. Paar supergeiler Schuhe in meiner Größe nicht mehr zu haben war.

ER Single

Unlängst alarmierten mich Zahlen in einem *Bild*-Artikel: 11,2 Millionen Singles leben in Deutschland, 50 % sind zwischen 18 und 40 Jahre alt, 51 % davon haben weniger als einmal im Monat Sex und 50 %, also vermutlich die andere Hälfte, zweifeln, je den richtigen Partner zu finden. Wie kann ich diese Menschen trösten? Nun, eine altbewährte Technik ist, eine Situation, die ich gerne verändern würde, in der ich aber nun mal gerade bin, nicht ausschließlich negativ zu analysieren, sondern auch positiv. Anders ausgedrückt, wir schreiben jetzt mal einen Besinnungsaufsatz, wie früher, zu dem Thema: »Kann ein Single glücklich sein?«, und sammeln erstmal die Argumente für: Ja, kann er.

1.) Der Mann ist von der genetischen Ausstattung und seinem evolutionären Auftrag her ein Suchender, ein Getriebener, immer darauf bedacht, seinen Samen unter die Leute zu bringen, auf dass seine, die tollsten Erbanlagen der Welt, vervielfältigt werden. Das prägt seinen Lebensstil. Wo immer ein Mann ist – er will weg. Wenn er auf Arbeit ist, will er nach Hause. Wenn er zu Hause ist, will er in die Kneipe, wenn er in der Kneipe ist, will er mit irgendeiner Frau ins Bett, wenn er mit ihr im Bett ist, will er nach Hause, er ist ruhelos. Das heißt, ihn lebenslang einzusperren ist widernatürlich, beschwört sofort die Bilder herauf, die Rilkes »Panther« so unvergleichlich machen:

»Sein Blick ist vom Vorübergehen der Stäbe so müd geworden, dass er nichts mehr hält, ihm ist, als ob es tausend Stäbe gäbe, und hinter tausend Stäben keine Welt.«

2.) Der Mensch ist ein in sich widersprüchliches Wesen, was ein ständiges Beieinandersein so gut wie unmöglich macht. Menschen wollen nicht bevormundet werden, sie möchten nicht das tun, was jemand anders will, ohne dass es mit einem erkennbaren Nutzen verbunden ist. Gleichzeitig tun sie nichts lieber als anderen ihren Willen aufzwingen, d. h., sie sind glücklicher, wenn sie mit der Illusion allein leben, irgendwo im weiten Erdenrund gebe es jemanden, der sich klaglos den ganzen Tag von ihnen herumkommandieren ließe.

3.) Die Angst, bei der Balz für nicht originell genug gehalten zu werden, gebiert immer krassere verbale Fehlleistungen. Männer sagen Dinge wie: »Es ist passiert, der bestaussehende Typ der Welt ist auf dich aufmerksam geworden. Du wirst dich wahrscheinlich fragen, warum gerade ich?

Ganz einfach, du gefällst mir. Und ich will ganz offen sein, ich werde die Nacht mit dir verbringen und morgen früh aus deinem Leben verschwinden. Kannst du damit umgehen?« Oder: »Normalerweise habe ich harten und intensiven Sex mit einer Frau, *bevor* ich sie zum Essen einlade, aber bei Ihnen würde ich mal eine Ausnahme machen.« Oder gar so: »Du erinnerst mich irgendwie an Paris Hilton.« – »Wieso?« – »Die hab ich auch noch nicht gepoppt.« Das Problem ist nicht, dass diese Sprüche nicht funktionieren, sondern dass kein Mann länger mit Frauen zusammensein will, bei denen sie funktioniert haben.

4.) Eine bestimmte Sorte Männer verwandelt sich infolge allerlei gesellschaftlicher Strömungen der letzten Jahrzehnte in Wesen, mit denen auch keine Frau zusammensein will. Der Metrosexual, wie die Amerikaner ihn nennen, oder die Susi, ist ein äußerlich männliches Geschöpf, dass, wie Wais Kiani schreibt, von seiner feministischen Mutter statt auf Gleichberechtigung auf Rollentausch programmiert wurde. Wenn die Frau total begeistert vom afrikanischen Tanzworkshop erzählt, spiegelt er nicht nur ihre positiven Gefühle in seiner Mimik – etwas, das laut Allan und Barbara Pease handelsübliche Männer gar nicht draufhaben, sie gucken stattdessen gelangweilt bis angewidert –, sondern sagt anschließend auch noch: Nächste Woche musst du mich aber mitnehmen! Für diese bejammernswerten Geschöpfe bleibt wohl nur die lebenslange Aufbewahrung in einer Männergruppe von Gleichgesinnten, und das kann dann auch richtig schön sein.

5.) Sex als Fundament einer Beziehung ist nach Ablauf der Limerenz- oder Verliebtheitsphase völlig untauglich. Er ist nämlich für beide Geschlechter wie Einkaufen. Also für den Mann: Rein in den Laden, erledigen, was man vorhatte, raus. Frauen wollen rumschlendern, gucken, naschen, blättern, anprobieren, befühlen, befummeln, wieder weglegen, sich was zeigen lassen und nach Stunden wieder raus, ohne was zu kaufen. Aus diesem Grunde werden sexuelle Aktivitäten zwischen Eheleuten weniger.

6.) Viele Männer ersetzen in regelmäßigen Abständen ihre jeweilige Ehefrau durch eine sehr viel jüngere. Da sie jedes Mal heiraten, muss an ihrer Seriosität nicht gezweifelt werden, wohl aber an ihrem Verstand. Mit jeder noch jüngeren Partnerin wird die Schnittmenge gemeinsamer Lebenserfahrungen, Interessen, damit auch der Gesprächsstof geringer, dafür wachsen mit zunehmender Beziehungsdauer bei der Kindfrau die Zweifel an der Omnipotenz sowie der Unmut über den welkenden Leib des Lustgreises, bei dem wiederum sich mit jedem jungen Handwerker oder Briefträger in Reichweite die Panikattacken mehren. Also jetzt mal ehrlich, was soll ich einer 17-Jährigen in der Disco ins Ohr schreien, vorausgesetzt, ich kriege sie überhaupt dazu, sich mit mir zu unterhalten? Vielleicht: »Wenn du mit mir kommst, werde ich dich Abitur machen und später studieren lassen!«?

7.) In jeder festen Beziehung nimmt für den Mann die Anzahl der real erlebten Glücksmomente ab. Sie sitzen in Ihrem Lieblingssessel, neben sich ein Glas Ihres Lieblingsweins, es läuft

Ihr Lieblingsklavierkonzert, Sie lesen das neue Buch Ihres Lieblingsautors, oder Sie sitzen vor dem Fernseher mit einem Bier, während alles so aussieht, als könnte Ihr Verein den Klassenerhalt noch schaffen, kurz: Sie lieben das Leben, Sie sind rundum glücklich, bis Sie die Stimme Ihrer Frau hören: »Schatz, unter der Waschmaschine kommt Wasser raus.«

8.) Männer sind genügsame Romantiker, denen es schon reicht, sich die Vergangenheit ein bisschen schönzudenken. Das kann aber nur in Gesellschaft von Männern funktionieren. Letztens war ich in einer Striptease-Bar. Freunde hatten mich dahingeschleppt, ich wollte da gar nicht hin, ich wollte eigentlich in einen Puff, Quatsch, ein Scherz, jedenfalls saß ich da und war eigentlich froh, dass meine Frau nicht dabei war, ich weiß ganz genau, was sie gesagt hätte. »Hör auf zu geiern!«

Nun war sie ja nicht dabei und wir saßen nun da, alles wunderbar, die Künstlerin begann ihren Vortrag und es war schön, einfach dazusitzen, die Atmosphäre wirken zu lassen, die Musik zu genießen, den Whisky, an früher zu denken, als man jünger war und Single und sich fast täglich Frauen für einen auszogen.

Für den Mann, auf den zu Hause keine Frau wartet, fängt der Abend dann erst an, er öffnet eine frische Flasche Jack Daniels, probiert alte Telefonnummern aus aller Welt aus und säuft sich anschließend bei geöffnetem Fenster und Blick auf den Sternenhimmel zu einschlägiger Countrymucke ins Koma.

9.) Der Hauptgrund für das häufige Scheitern von Beziehungen sind die unlösbaren Wesensunterschiede. Männer wollen Recht behalten, Frauen wollen eine harmonische Beziehung, und das auch noch unter Nichtbeachtung aller Gesetze der Logik. Frauen wollen begehrt werden, aber von den richtigen Männern. Wenn es die Falschen sind, ist es sexuelle Belästigung am Arbeitsplatz.

Frauen fordern gleiche Rechte, gleichen Lohn für gleiche Arbeit, was ich leidenschaftlich unterstütze, aber sie fordern gleichzeitig auch noch die Rituale aus uralter Zeit. Sie wollen auf Händen getragen werden, über tiefe Pfützen hinweg, sie erwarten außer der Reihe mal ein Schmuckstück, aber wenn man dann zusammen ins Casino geht, um die Kohle ranzuschaffen, fangen sie an zu stänkern: »Hör jetzt auf, du hast schon 200 Euro verloren, du wirst noch alles verspielen.« Die meisten Männer würden jetzt sagen: »Du machst mich nervös, halt die Klappe, geh an die Bar und trink einen Sekt.« Falsch. Sie sollten Ihre Frau nicht verärgern, denn wenn man alles verspielt, ist sie das Einzige, was man noch hat. Und das wäre auch schon mein einziges Gegenargument.

SIE Gastronomie

Manchmal fühle ich mich etwas übergastronomisiert, besonders wenn zu entscheiden ist, wohin man essen geht, zum Chinesen, Griechen, Türken, Japaner usw. Deshalb war ich froh, dass meine drei Freundinnen bereits eine Wahl getroffen hatten. Wir vier hatten den Nachmittag im Wald verbracht und waren vielleicht deshalb etwas irritiert, als wir das neue italienische Ristorante betraten, denn es war voll – so vollgepfropft mit Tischen und Gästen, dass das Problem Überbevölkerung für mich zum ersten Mal konkrete Gestalt annahm. Jutta hatte einen Tisch reserviert, der laut Auskunft der männlichen Servicekraft im hinteren Teil des Etablissements auf uns wartete. Aber wie dorthin kommen? Auf den ersten Blick schien es unmöglich. Doch Christel fand die Service-Schneise und so schlängelten wir uns im Gänsemarsch – nein, eher wie auf einem Ziegenpfad – an Hunderten von speisenden Menschen vorbei, konzentriert darauf achtend, nirgendwo anzustoßen oder etwas umzuwerfen. Unsere artistische Mühe wurde belohnt, wir entdeckten im hintersten Winkel etwas Weißes mit Platz drumrum, unseren Tisch. Holla, welche Freude – aber warum gedeckt für Sechs?

Wir stellten diese Frage erst einmal zurück und krönten zunächst unsere artistische Einlage damit, dass wir uns unserer Jacken entledigten und Platz nahmen, ohne die Einrichtung zu demolieren. Geschafft! Wir blickten uns um. Das Lokal war nicht nur eindeutig übervölkert, sondern auch komplett zudekoriert. Zusammengerechnet waren die weißen Flecken, die rudimentär an Wände und Decke erinnerten, vielleicht so groß wie ein DIN-A4-Blatt, der Rest war eine Mixtur aus Bildern und Brotkörbchen, die sogar an die Decke genagelt waren. Doch zum Glück stand auch ein gefülltes Exemplar auf dem Tisch und fokussierte unsere Aufmerksamkeit, denn wir hatten nach unserem Spaziergang großen Hunger.

Prompt erschien eine Kellnerin und nahm – uns freundlich duzend – unsere Getränkewünsche entgegen. Klar, in dieser Enge mussten die Gäste geduzt werden, sonst würde ihnen ihr Ölsardinenstatus unangenehm auffallen. Just da erschien auch Teresa, die umbrische Besitzerin dieses urigen Lokals, begrüßte uns, als wären wir alte Freundinnen, und teilte uns mit, dass sie die beiden jungen Männer in ihrem Gefolge nun an unserem Tisch platzieren werde, weil wir ja bestimmt nichts dagegen hätten, und auch nur solange, bis ein anderer Tisch frei werde. Es gab nicht die geringste Chance, dagegen zu protestieren. Also ertrugen wir es, dass unser Bewegungsspielraum auf wenige tausendstel Millimeter schrumpfte, die zwei Neuzugänge sich über unser Brotkörbchen hermachten und mit ständigen Handy-Gebimmel dazu beitrugen, das Restaurant auch akustisch aus allen Nähten platzen zu lassen. Dieser Ort musste giga in sein – oder sehr lecker oder billig oder beides, überlegten wir wohlgemut, um unser Entsetzen etwas einzudämmen. Als unser Hunger gerade in Unwohlsein umschlagen wollte, erschien erneut die temperamentvolle Teresa. Waren wir bewaffnet oder wieso trug sie einen Schild vor der Brust? Ach nein, das war die Tageskarte, die sie nun vor uns hoch in den noch freien Luftraum hielt. Auf einer großen Tafel, wie man sie gewöhnlich vor einem Lokal in Stellung bringt, waren sechs Gerichte zu lesen, die sie uns nun schreiend vortrug. Viel verstanden wir nicht, aber einige Wörter konnten wir identifizieren, wie Frisch, Kräuter, Hausgemacht und Frisch. Das machte wieder Appetit, also bestellten wir, während sie mit Kreide die Preise neu hinschrieb – in der Hoffnung, wie sie fröhlich erklärte, sie möchten denen ähneln, die sie auf Wunsch der Geburtstagsparty, die am Nachbartisch tobte, bei ihrem Vortrag ausgewischt hatte. Haha, wie entzückend, lebenslustig und zupackend Frau Zirkusdirektor doch war. Unsere Überlegungen hinsichtlich der Wartezeit verliefen positiv, denn es erschien uns logisch, dass die Küche eines Restaurants, das nur vier Vorspeisen und zwei Hauptgerichte zur Auswahl stellt, schnell arbeitet. Tja.

Als die Antipasti misti endlich unseren Tisch erreichten, fielen wir nur sehr zögerlich darüber her. Vielleicht lag es daran, dass die Mixtur wirklich alles zu enthalten schien, was an Essbarem in der Küche zu finden war – vielleicht auch daran, dass das Dressing alle Geschmacksrichtungen auf eine reduzierte, wer weiß? Jedenfalls wurden mit den leeren Vorspeisentellern auch die zwei jungen Männer abgeräumt und wir vier atmeten erleichtert auf. Wir entfalteten unser Körpervolumen wieder auf das normale Maß und vermieden zugleich fürsorglich jeden Gedanken daran, wie man es wohl anstellen könnte, im Bedarfsfall zur Toilette zu gelangen, ohne von der Feuerwehr herausgeschweißt werden zu müssen.

Mit der Hauptspeise erschien erneut Teresa, diesmal mit zwei älteren Männern im Fahrwasser, die sie uns als ihre liebsten Verwandten aus Bella Italia vorstellte und – claro – dazusetzte. Wir falteten uns wieder ein und inspizierten unsere Teller. Jutta, selbst ausgezeichnete Köchin und Apothekerin, fand heraus, welcher Teller welches Gericht trug. Der nächste logische Schritt wäre nun eigentlich das Aufessen gewesen. Was war los?

Hatten wir nicht vor zweieinhalb Stunden Hunger gehabt? Wo war der geblieben? Ich schaute auf dem Boden nach. Vielleicht war er herunter gefallen? Aber nein, auch auf dem Boden nur Bilder und Brotkörbchen. Also gut, wir rissen uns zusammen und probierten unsere Gerichte. Das Besteck fiel uns fast zeitgleich aus den Händen. Es schmeckte nicht, und die beiden verwandten, inzwischen mit Rotwein versorgten Herren zuckten entschuldigend mit den Schultern. Sie schienen offensichtlich mehr zu wissen als wir, und wenn sie uns früher am Abend dazugesetzt worden wären, hätten wir bestimmt zusammen irgendwo lecker essen gehen können. Wir bestellten die Rechnung. Es kam Teresa.

Zunächst wies sie ihre italienischen Blutsbrüder an, sich anderswo niederzulassen, schaute vorwurfsvoll auf die noch vollen Teller, dann auf uns und meinte, das sei aber schade. Das fanden wir eigentlich auch. Natürlich interessierte es sie überhaupt nicht, aus welchem Grund wir nichts gegessen hatten, insoweit konnten wir ihrem gastronomischen Konzept bereits folgen. Stattdessen erklärte sie uns, dass sie Essen nicht wegwerfen könne, wie löblich, zog sich die vollen Teller heran und schob nun alles Übriggebliebene, welch ein Graus, auf einem Teller zu einem großen Berg zusammen. Dann kam Alufolie darüber, die sie unter ihrer Schürze hervorzauberte, und wir hatten ein Doggy-Bag. Teresa strahlte. War sie nicht eine hervorragende Gastgeberin, die wirklich an alles dachte? Nachdem wir die Rechnung beglichen hatten, verließen wir fluchtartig das Lokal. Wir hatten kaum fünf Schritte in die Freiheit gesetzt, als die Tür erneut aufgerissen wurde und Teresa hinter uns herbrüllte, warum wir ihr

81

nicht Auf Wiedersehen gesagt hätten. Sie war zwar – für uns unsichtbar – in ihrer Küche gewesen, aber das ließ sie nicht gelten. So mussten wir uns erst noch von ihr abküssen lassen, bevor wir endgültig gehen durften. Das war selbstverständlich ein unverzichtbarer Bestandteil ihres Full-Service. Wie konnten wir das vergessen?

Wir vier trafen uns am nächsten Tag wieder. Wir hatten allmählich sämtliche Irritationen des Magen-Darm-Traktes halbwegs überwunden und fragten uns: Warum wollte Teresa aus Umbrien uns umbringen? Die Antwort fiel uns gleichzeitig wie Schuppen von den Lippen. Das nennt man heute Erlebnis-Gastronomie.

ER Gastronomie

Wie mag das erste Restaurant der Menschheitsgeschichte entstanden sein? Ich denke, irgendein Urhordenmitglied bekam ständig zu hören: Also phänomenal, bei meiner Frau ist die Bisonlende immer total verbrannt und bei deiner nur halb, echt lecker, kann ich morgen wieder bei euch essen? Und unser Mann sprach die bedeutungsschweren Worte, die eine der schillerndsten Zünfte überhaupt auf den Weg bringen sollten: Alte, ich hab`s, wir machen eine Drei-Sterne-Höhle auf. – Häh? – Na, son Dings, wo unsere Nachbarn was bezahlen, nachdem sie sich vollgefressen haben, anstatt immer für lau zu spachteln! – Ach, du meinst ein Restaurant? – Oder so! Und was täten wir, wenn es nicht so gekommen wäre? Nachdem die erste Fresshöhle eingeschlagen hatte wie ein Meteorit, folgten ihr zum Glück alsbald weitere, mit anderen Steinzeitspezialitäten wie Schnecken, Würmern, Säbelzahntigerhoden für die Potenz, Mammutkutteln, Familienspiegelei vom Strauß, Bärentatzen, in denen die Maden wibbelten (ein Rezept, das sich sogar noch bei Karl May findet), und vieles andere mehr. Die ersten Fressführer erschienen: Männer, die einen gegen Geld tagelang durchs Neandertal führten, dorthin, wo gerade wieder eine neue Prasserie eröffnet hatte. Junge Burschen gab es plötzlich, die einem mit charmantem Lispeln zeigten, wie man mit wenig Aufwand lecker kochen kann. Von reisenden Händlern gab es überteuerte Kochgeräte zu kaufen, Gewürze mit Wunderwirkung, Diäten natürlich – Kochbücher noch nicht, die kamen erst später, nachdem Buchhandel und nicht zuletzt Schrift erfunden waren, die Rezepte gingen damals noch von Mund zu Mund.

Welch einfache und doch brillante Idee! Ich tue Dinge mit dir, die ich sonst nur mit guten Freunden tue; weil ich dich aber gar nicht kenne, nehme ich Geld dafür. Besonders Pfiffige werden jetzt rufen: Aber genauso funktioniert doch Prostitution! Stimmt, die wurde ja auch zeitgleich erfunden, vermutlich von Frauen, die nicht kochen konnten, aber darum geht es hier nicht. Wir wollen versuchen, den Zauber auszuloten, der diesen Futterplätzen innewohnt, ein Wort, dass ich sehr bewusst wähle, denn auch das Reh, dem der gute Förster im kalten Winter Heu hinlegt, zahlt dafür; später zwar, aber mit dem Leben, denn es hat ja kein Geld.

In einem Restaurant geschieht viel mehr als nur Nahrungsaufnahme in sehr unterschiedlicher Qualität gegen unterschiedliche Bezahlung. Machen wir uns einmal klar, was der Satz: Wir müssen mal essen gehen – alles bedeuten kann. Das reicht von: Ich möchte mit Ihnen ins Geschäft kommen über: Ich möchte mit Ihnen schlafen bis hin zu: Ich möchte dir schonend beibringen, dass wir uns die neue Küche nicht leisten können; dass ich eine Geliebte habe, mich aber nicht scheiden lassen möchte; dass ich keine Geliebte habe, mich aber trotzdem scheiden lassen möchte; dass ich mich sexuell neu orientiert habe und dir meinen Freund vorstellen wollte. Die Vorgänge rund ums Essen und Trinken, das Wein-Verkosten und Zurückgehen-Lassen, das Sich-Bekleckern, Verschlucken, auch das Wahrnehmen miserabler Tischsitten beim Gegenüber, dass er z. B. mit vollem Munde spricht und ihn auch in Sprechpausen beim Kauen weit öffnet, sodass man den Speisen bei der Breiwerdung zusehen kann, haben eine psychische Pufferfunktion, helfen uns die schlechten oder auch guten Nachrichten zu verdauen, das verschafft uns Bedenkzeit und beugt Übersprungshandlungen vor, zu denen es bekanntlich kommt, wenn überstarke Erregung nicht vollständig entladen werden kann und auf andere Verhaltensmuster überspringt. Dies erweckt dann oft den Eindruck irrelevanten Verhaltens, wie der Tierpsychologe sagt, und das wollen wir ja nicht.

Wenn man alleine essen geht, kann man sich über sechs Gänge hinweg rauschend mit Mutmaßungen darüber amüsieren, in welcher existenziellen Grundsituation die anderen Gäste sind. Auch das Personal ist steter Quell der Kurzweil. Fall eins: Eine wunderschöne Kellnerin serviert indiskutables Essen. Das kennen wir von jedem längeren Flug. (Ich habe mich ohnehin immer gefragt, warum Stewardessen so schön sein müssen. Es ist für viele junge Mädchen ein Traumberuf, die meisten sehen halt nicht so toll aus und werden abgelehnt. Warum? Eine Stewardess bringt Getränke – deswegen der Spitzname »Saftschubse« – oder Essen auf Rädern. Dieses Essen schmeckt scheiße. Warum muss sie so schön sein? Es gibt keinen Grund, im Gegenteil, der optische Gegensatz zwischen Nährschlamm und Lieferantin macht alles nur noch schlimmer. Eine Stewardess sollte nicht so hässlich sein, dass die Kinder Angst kriegen und anfangen zu weinen, und nicht so dick, dass sie nicht mehr durch den Mittelgang passt, alles andere ist Luxus, basta.) Zurück ins Lokal. Wie gesagt: schöne Frau, schlechtes Essen. Hier bin ich gefordert, ich kann die Pampe nicht durchgehen lassen, möchte aber die Kellnerin für mich einnehmen. Also sage ich, wenn sie kommt und: »Ist alles recht?« fragt: »Nein, es läuft grundlegend falsch. Sie werden zurückgehen in die Küche, dieses Essen wird bei mir bleiben. Es müsste andersrum laufen. Ich werde mir jetzt ein Lokal suchen, in das Sie besser passen, und wenn ich es gefunden habe, komme ich und hole Sie.« Wenn sie jetzt sagt: »Häh?«, hat sich wieder einmal bestätigt: Schönheit ist nicht alles, also zu Fall zwei: Die Kellnerin wird es voraussichtlich auch auf kommunaler Ebene bei keiner Misswahl aufs Treppchen schaffen, aber das Essen ist großartig. Und sie weiß es. Und sie ist stolz darauf, denn der Koch ist ihr Mann oder Vater oder war früher ihr Beichtvater, bevor er den Beruf wechselte. Und sie strahlt von innen und alles passt. Keine unkeuschen Gedanken lenken von einem perfekten Genuss ab, der sich bei mir immer dann einstellt, wenn ich sagen kann: So gut würde ich das im Leben nicht hinkriegen.

Fall drei ist das Szenerestaurant mit studentischer Bedienung. Da hilft auch das bauchfreie Top nicht, wenn der Dialog wie folgt läuft: »Was hattest du?« – »Bifteki.« – »Oh, dann hab ich das wohl falsch gebongt, ist Moussaka auch o. k.?« – »Nein.« – »Mennoooo … das dauert dann aber jetzt, das ist dir schon klar, oder?« Ab und zu brauche ich das, um geschultes Personal anschließend wieder gebührend würdigen zu können.

Ansonsten bin ich ein großer Fan der Imbisskultur. Der besondere Charme dieses Gastronomiezweiges manifestiert sich ja vor allem in seiner ganz eigenen Sprache. Kürzlich bekam ich einen im Internet kursierenden Imbissdeutschschnellkurs gemailt, den ich auszugsweise zitieren möchte: »War'n Sie die Thüringer?« – »Nein, ich bin das Schaschlik und er ist die Pommes!« – »Aber Pils seid ihr beide?« – »Mh.« – »Und hier kam noch zweimal ohne!« Grammatisch, praktisch, gut.

Was ich auch schätze, sind gute Kellnerwitze, sie sind kurz und meist einfach schlagfertige Unverschämtheiten, meist hat der Kellner den Lacher: Herr Ober, in meiner Suppe ist ein Kamm! Toll, es gibt doch noch ehrliche Finder! Dieses führt uns direkt zum Thema unberechtigte Reklamation mit dem Ziel Zechprellerei. Letztes Jahr ging der Fall einer amerikanischen Hausfrau durch die Presse, die eine Fastfoodkette verklagt hatte, weil sie eine menschliche Fingerkuppe in ihrem Chili con Carne gefunden hatte. Da nachweislich in der Küche niemand verstümmelt war, forschte man nach und siehe, die Frau hatte den Finger, der von einem Bekannten stammte, nach einem Unfall an sich gebracht und ins Chili geschmuggelt, in der Hoffnung, die Rentenkasse ein wenig

aufbessern zu können. Ich selbst habe schon mit
täuschend echten Maden aus dem Zauberladen,
unauffällig appliziert auf Salatblättern des Cate-
rings für die Gäste einer TV-Sendung, die zustän-
dige Fachkraft in den absoluten Pulsgrenzbereich
getrieben, und erst unlängst tafelte ich in einem
von mir sehr geschätzten Haus umsonst, weil ich
sanft und höflich fragte, ob dieses Gummiband,
das ich da auf der Gabel hätte, wirklich unverzichtbarer Bestandteil der Rezeptur für den ansonsten köstlichen Thunfischeintopf sei. Damit
wir uns recht verstehen: Ich hatte es nicht hin-
eingetan!

Was ich aber wirklich gern mal täte: In einem chinesischen Lokal einen aus einer Möhre ge-
schnitzten Goldfisch ins Aquarium schmuggeln,
um auf die Frage des Kellners, was ich essen
möchte, zu sagen: »Fisch«, ins Aquarium zu langen und den Möhrengoldfisch zu verspeisen.
Sollte irgend jemand von Ihnen sich das trauen,
würde ich mich über einen schriftlichen Erlebnis-
bericht sehr freuen.

SIE Tiere

Das Tiersein haben wir Menschen alle noch in
den Knochen. Auf Röntgenbildern ist deutlich
unser Restschwanz zu sehen, den wir von unserer
vorgeburtlichen Zeitreise durch die Entwick-
lungsgeschichte als Souvenir mitgebracht haben,
das Steißbein. Bei manchen sieht man es auch so
auf einen Blick, weil sie von ihrer Statur her an

unsere Vorgängermodelle erinnern oder einen Entengang oder einen Schwanenhals haben. Manche tragen das Tier in ihrem Namen wie Herr Wolf Rindfleisch zum Beispiel, andere erinnern in ihrem Verhalten an Tiere – an störrische Esel, schnatternde Gänse oder faule Säue. In manchen Kulturen ist man stolz, wenn einem Tiereigenschaften zugesprochen werden: Bei den Indianern zeugen die Namen davon, wie Tanzender Bär oder Blinder Falke. Im chinesischen Horoskop gibt es noch viel mehr Tier-Mensch-Vergleiche als in der heimischen Astrologie. Mir ist oft aufgefallen, dass manche eher peinlich berührt sind, wenn sie erfahren, dass sie als Sternzeichen eine Ratte oder ein Schwein sind. Ich bin ein Drache und fein raus.

Ich betrachte Tiere gerne als alte Evolutionskollegen, die viel mit uns gemeinsam haben. Auch sie machen gern ein Nickerchen, betreiben Körperpflege, haben Hunger und Durst. Unter ihnen gibt es Fleisch- und Pfanzenfresser, lästige und äußerst giftige Vertreter, wie bei uns. Sie kratzen sich, schnarchen, furzen und dösen wie wir, es gibt faule und fleißige, sie schließen sich auch zu Lebensgemeinschaften zusammen und sind fürsorgliche oder Rabeneltern. Sie sind dem Rausch nicht abgeneigt, wenn es angegorene Früchte gibt, sie tanzen und singen, sind erfinderisch, eigenbrötlerisch und neugierig, viele können schwimmen und manche werden sogar als heilig verehrt.

Tiere sind wie entfernte Verwandte, man sieht sie selten, die einen hat man gern, die anderen nicht. Als jüngstes Modell in der Familie der Säugetiere haben wir ein bisschen mehr Hubraum unter der Schädeldecke, dafür hat Mutter Natur bei uns eben am Schwanz gespart. Wahrscheinlich aus blankem Neid auf Katzen, Pfauen, Papageien, Affen und Wale, denen der Schwanz dazu verhilft, besser zu schwimmen, zu laufen, zu klettern, zu beeindrucken und gar zu fliegen als wir, haben wir unsere PS im Kopf erst mal daran gesetzt, dieses Manko auszugleichen, und Autos, Flugzeuge, Schwimmflossen und Unterseeboote gebaut. Das ist aber kein Grund, anzugeben oder auf andere herabzuschauen, denn offensichtlich sind wir nicht in der Lage, unsere zwischenmenschlichen Probleme zu lösen. Die älteren Modelle aus unserer Verwandtschaft, die schon ein paar Millionen Jährchen länger im Rennen sind als wir, spielen ihr gesamtes Spektrum an Möglichkeiten stets voll aus und arbeiten z. B. mit ihrem sechsten Sinn. Sie ahnen sogar Naturkatastrophen voraus, während wir immer noch total überrascht sind, wenn genau derjenige am Telefon ist, an den wir gerade gedacht hatten.

Rupert Sheldrake hat das eindrucksvoll erforscht, indem er Hunde, die zu Hause auf ihre Dosenöffner warteten, mit der Videokamera überwacht hat. Sie erhoben sich immer genau dann von ihrer Lagerstätte, wenn sich Herrchen oder Frauen auf den Weg nach Hause machten – auch dann, wenn der Chef ihnen den Nachmittag freigegeben oder zu Überstunden verdonnert hatte. Könnten wir das auch, bliebe es vielen erspart, beim Ehebruch überrascht zu werden.

Mit den Bonobo-Affen haben wir sogar 99 % unseres Erbgutes gemeinsam. Bonobos sind dafür bekannt, dass sie nicht über Sexualität nachdenken, sondern sie praktizieren. Für sie ist Sex ein Allheilmittel. Kommt es zu Auseinandersetzungen oder Streitereien, wird sofort kopuliert, und das Problem ist beseitigt. Wir Menschen haben diesen freien und selbstverständlichen Umgang mit Sex als Aspirin für Probleme eingebüßt. Statt uns munter durchs Leben zu vögeln, treiben wir Sport, beschäftigen uns mit therapeutischen und religiösen Praktiken, legen Tarot-Karten und betreiben Familienaufstellung nach Bert Hellinger. Wir benutzen unsere leistungsstarke Sonderausstattung mehr dazu, in tiefe Sinnkrisen zu stürzen, als den Wonnen des Lebens entgegenzubrettern, und das ist sicher nicht der Sinn dieses einen Prozent Unterschiedes.

ER Tiere

Die Tiere dieser Welt unterscheide ich in die, die ich essen kann, und die, zu denen ich eine emotionale Beziehung aufbauen kann, wie Abscheu oder Furcht. Vielfach sind die Unterschiede regional bedingt. Der Hund, hierzulande ausschließlich als des Menschen bester Freund gehandelt, zumindest so lange, bis wir ihn an einer Raststätte aussetzen – ist andernorts von der Speisekarte nicht wegzudenken. Fressen und gefressen werden ist wohl das Natürlichste überhaupt auf der Welt und dass der Kannibalismus weitestgehend ausgestorben ist, mag zwar mit der notorischen Selbstüberschätzung des Menschen zu tun haben, ist mir aber auch nicht unlieb, da ich doch andernfalls eine recht fette Beute abgäbe.

Der Vegetarierschlachtruf »Nothing with a face« ist sicher gut gemeint, als Ernährungsmaxime aber durchaus suboptimal, und ich werde auch den Verdacht nicht los, dass die oft so nervtötend vor sich hergetragene Tierliebe nur davon ablenken soll, dass die Brüder und Schwestern im Grunde einfach keine Menschen mögen. Damit wir uns nicht missverstehen: Ich bin durchaus dafür, Menschen, die Pferde oder andere Tiere auf engstem Raum unter scheußlichsten Bedingungen aus Profitgier quer durch Europa karren, bevor sie erlöst werden, einmal selbst dieser Erlebnisreise teilhaftig werden zu lassen, so wie jeder Hühnerbaron auch mal eine Woche mit Gleichgesinnten in einer Legebatterie probesitzen sollte, woraus RTL auch gerne eine lustige Sendung machen darf. Aber grundsätzlich plagen mich keine Zweifel.

Ebensowenig kann ich etwas gegen zoologische Gärten einwenden, sofern sie sich bemühen, es den Bewohnern nett zu machen. Es gibt auch sehr viele Menschen, die sich gegen Gage zur Schau stellen, ich selbst lebe seit 30 Jahren davon, warum sollte man keine Tiere in Gefangenschaft zeigen dürfen, vor allem, wenn sie vom Aussterben bedroht sind, was im Übrigen auch ein normaler Vorgang ist. Mit dem Verschwinden von Dino und Säbelzahntiger hat der Mensch rein gar nichts zu tun. »Was kriegt denn das Tier für eine Gage im Zoo?«, höre ich schon einen Gutmenschen schreien. Nun, Vollpension ohne Stress, jede Menge zu gucken, vielleicht nicht soviel Auslauf wie sonst, aber den hat das Tier in freier Wildbahn ja auch nicht freiwillig, sondern nur, weil die Suche nach den knappen Lebensmitteln oder die wilde Flucht vor Hyänen das erfordert, ansonsten ist das Tier genauso ein faules Schwein wie der Mensch. Und es wird im Zoo häufig viele Jahre älter als in der Wildnis, und wenn es sich dann noch freudig vermehrt, was unter Zoologen als Anzeichen dafür gilt, dass der Rahmen stimmt, dann ist doch alles in Butter.

Das Stichwort ist wohl der schöne alte Begriff Fairness. Nachdem ruchbar wurde, wie die Lieferanten von Froschschenkeln und Schildkrötensuppe mit den betroffenen Tieren verfahren, sind diese Produkte quasi geächtet, außer in Frankreich, aber da stehen ja dafür Anglizismen unter Strafe. Frösche haben mich immer schon als Studienobjekte interessiert, nicht nur, weil man sie mit einem Strohhalm aufblasen konnte, meine Güte, wir waren Kinder und wussten es nicht besser, nein, sie sind faszinierend. Frösche können nur hüpfen, und die Sprünge haben eine vorgegebene Mindestlänge. Er hüpft von A nach B. Wenn er nach C will, muss er kreuzen: einen Dreieckskurs hüpfen, wie beim Surfen. Oder er arbeitet mit künstlichem Gewicht, wenn er kürzere Sprünge machen will. Deswegen sehen wir oft Frösche aufeinandersitzen, damit sie kürzere Sprünge machen können.

Man wirft ja bei Hochzeiten keinen Reis mehr wegen der Tauben. Die picken ihn auf und wenn sie dann Wasser trinken, quillt er im Magen auf und sie explodieren. Heißt es. Das ist aber ein Märchen. Ich habe so oft mit 10 Schälchen Wasser und einem Sack Reis im Park gesessen und gefüttert, es hat noch nie funktioniert. Vielleicht sollte ich es mal mit Fünfminutenreis probieren. Oder mit Mais auf dem Weg zum Popcorn.

Menschen neigen im Zusammenleben mit Tieren oft dazu, diese zu anthropomorphisieren, zu vermenschlichen. Also denkt der Mensch, wenn ein Hund aus der Kloschüssel trinkt: »Pfui Teufel, der blöde Köter trinkt aus meinem Klo.« Der Hund sieht das ganz anders, er denkt, wieso kackt der

Idiot in meine Quelle? Manchmal überfordern Menschen Hunde auch bei dem Bemühen, ihnen etwas beizubringen. Kürzlich las ich von einem Schäferhund, der während seiner Ausbildung zum Blindenhund völlig durcheinandergeraten war, er hat am Ende jeden Blinden angefallen, den er traf.

Ich selbst bin, was Hunde angeht, traumatisiert. Als ich 16 war und meine Freundin zum ersten Mal zum Kino abholen wollte, machte ihre Mutter auf, und neben ihr erschien ein Hund von der Größe eines Shetlandponys, er stieß mir das feuchte Sabbermaul energisch in den Schritt, aus dem umgehend jede Vorfreude entwich. Ich stand gute 10 Minuten auf den Zehenspitzen, bis aus mütterlicher Sicht alles gesagt war und wir gehen konnten. Diese Affinität zu eigenen und fremden Geschlechtsteilen eint alle Hunde. Sie beschnüffeln sie, wie ich las, zu Vergleichszwecken, beziehen daraus Selbstbestätigung. »Hey, ich bin der Hund mit dem tollsten Klötenaroma im Viertel, wuff!« Das ist gar nicht so dumm, so sparen sie eine Menge Geld, das wir Menschen für Autos, Rolexuhren, Schmuck, Mode usw. ausgeben. Leider wird sich diese Methode aufgrund unserer anatomischen Defizite nicht durchsetzen.

SIE Lügen

Schon in der Bibel steht, alle Menschen sind Lügner (Altes Testament, Psalm 116, 11). Nach den Gesetzen der Logik bedeutet das natürlich auch

... da diejenigen, die die Bibel geschrieben haben, Menschen waren ... Na, jedenfalls waren sie so weise, dass sie mit Bestimmtheit wussten, dass es im Zusammenleben der Menschen ohne Lügen nicht geht. Die neuere Forschung hat ermittelt, dass der Mensch durchschnittlich 250 Mal am Tag lügt. Ich frage mich sofort, ob Wissenschaftler nicht auch hin und wieder lügen, wo wir ihnen doch so gerne glauben. Sicher wird bei denen auch mal geschoben wie beim Fußball und Ergebnisse sind nicht gleich Ergebnisse, besonders wenn persönliche Interessen mitspielen.

Auf dem Spielplatz der Lügen erscheint mir die Mannschaft vom Klapperstorch die klapprigste zu sein, dicht gefolgt von den Weihnachtsmännern mit Bart. Die Ersatzbank besetzen der Osterhase, Frau Holle und Meister Proper. Gäbe es eine Hitparade der gebräuchlichsten Lügen, läge meiner Benotung nach zweifellos der Satz »Ich liebe Dich« unverrückbar auf Platz 1. Das Wort »Nichts« als Antwort auf die Frage »Was hast Du gerade gedacht?« rangierte seit Jahrhunderten auf dem 2. Platz, und ebenfalls auf dem Treppchen wäre die Aussage: »Ich nicht!« auf die Frage: »Wer war das?« Richtig gut lügen ist gar nicht einfach. Lügen muss gelernt sein. Lügen wollen in alle Richtungen abgesichert sein, damit sie punkten. Um überzeugend zu wirken, müssen Lügen mit Phantasie, Einfühlungsvermögen und einem Schuss Wahrheit kreiert werden. Sie müssen Analyse, Strategie und Spielwitz enthalten, um auf dem Platz erfolgreich zu sein. Man braucht nicht nur ein gutes Gedächtnis, man muss zuweilen – wie jeder gute Trainer – auch noch Buch führen, damit auch bei Hektik Spiel und Wirklichkeit nicht durcheinandergeraten.

Mittels der Magnetresonanztomographie kann man seit Kurzem aufzeigen, dass beim Lügen erheblich mehr Bereiche des Gehirns aktiv sind als bei Äußerungen der Wahrheit. Scheinbar macht man sich also weniger Arbeit, wenn man die Wahrheit sagt. Sind Leute, die die Wahrheit sagen, faul, geben die sich keine Mühe? Jedenfalls wird die moderne Technik bald den weniger guten alten Lügendetektor ablösen, und dann wird es wohl für den einen oder anderen kriminellen Lügner eng.

Aber auch für uns Normallügner, die es nicht in betrügerischer Absicht, sondern aus Not oder Rücksichtnahme tun, könnte der Spielraum empfindlich begrenzt werden. Wissenschaftliche Errungenschaften auf technischem Gebiet werden ja gerne in kleine Geräte für den Hausgebrauch umgesetzt, wie die Mikrowelle für die Küche oder das satellitengestützte Navigationssystem fürs Handtäschchen, und es ist wahrscheinlich nur eine Frage der Zeit, bis eines Tages ein kleiner Apparat auf den Markt kommt, den man sich wie einen Sticker an die Jacke heftet oder als Ohrclip trägt und der zu blinken beginnt, wenn sein Träger lügt.

So ein kleiner Ansteck-Knopf hätte sicher dramatische Folgen für persönliche Beziehungen. Ich höre schon den Satz: ›Liebling, schalt mal deinen Stick an, ich muss mit dir reden‹. In Berufsgruppen, die mit dem Verkauf beschäftigt sind wie z. B. Gebrauchtwagenhändler, Anlageberater und Versicherungsagenten, würde er vermutlich zu erheblichen finanziellen Einbußen führen. Was den Schulalltag betrifft, darf man gespannt sein, ob es die Lehrer oder die Schüler sind, die sich weigern werden, ihn zu tragen. Und Politiker, oha, die werden sich das Ding wahrscheinlich erst anheften, wenn der Ausgang einer Wahl davon abhängt.

Ich freu mich schon auf die öffentliche Diskussion darüber, ob auch die Vetreter der Religion das Gerät tragen sollten. Meine katholische Freundin, die ich während der Pubertätsjahre einmal zur Beichte begleitete, beantwortete meine Frage, was sie denn zu beichten habe, mit »Nichts, das mach ich nur, weil meine Mutter darauf besteht.« Ich fragte neugierig weiter: »Ja, und was sagst du dem Beichtvater gleich?« »Ach«, sagte sie, »ich sage einfach, ich hätte gelogen. Lügen geht immer.«

Ich fürchte, in solchen Momenten wird der Stick wohl durchknallen.

ER Lügen

Wenn die Frau sagt: »Wie findest du meine neue Frisur?«, dann sagen wir natürlich: »Toll, Schatz.« Der komplette Satz, dessen zweite Hälfte wir aber nur denken, lautet: »Toll, Schatz, 100 Euro im Arsch und es sieht genauso scheiße aus wie vorher.«

Das ist nach übereinstimmender Auffassung eine bewusste Falschaussage, aber aus höheren Beweggründen, nämlich Höflichkeit und Rücksichtnahme. Das Beispiel fällt also in die Klasse der Notlügen, die in der angewandten Ethik durchaus wohlwollend betrachtet werden, ermöglichen sie doch vielfach ein einigermaßen erträgliches Miteinander. Wenn der Mann aus unserem Dialogbeispiel irgendwann zu der Auffassung gelangt, dass er kein Miteinander in dieser Konstellation mehr will, weil er z. B. in absehbarer Zeit erben wird und nicht teilen möchte oder eine andere Frau hat oder sich sexuell ganz neu orientieren möchte, mag der Verzicht auf Notlügen bzw. die laute Vervollständigung von Sätzen wie oben ein probates Mittel sein.

Manchmal ist die Unterscheidung auch schwierig. Wenn ein Politiker sagt: »Wir werden die Arbeitslosigkeit deutlich senken« – ist das dann eine Notlüge aus Berechnung, weil er natürlich im Amt bleiben oder gewählt werden will, oder haben wir es hier schon mit einem berufsbedingten Krankheitsbild zu tun, der sogenannten Pseudologia phantastica, der Neigung, phantastische, jedoch z. T. glaubwürdige Geschichten zu erzählen? Überlassen wir das Urteil den Psychologen. Wir Normalbürger jedenfalls geraten andauernd in Situationen, in denen wir aus Pietät und Takt flunkern müssen. Bei einer Grabrede zum Beispiel. Da sagt man: »Viel zu früh hat es diesen stets auch weltzugewandten Visionär aus unserer Mitte gerissen.« Und nicht: »Ein Glück, dass dieser ewig besoffene Spinner endlich den Arsch zugekniffen hat.«

Man fährt fort: »Sein herzliches Verhältnis zur Belegschaft ist ebenso sprichwörtlich wie seine Bereitschaft, sich Tag und Nacht in den Dienst der Firma zu stellen. Aber auch die Familie war ihm heilig.« Jeder Insider weiß ohnehin, was Sache war, und für die Angehörigen ist es besser, wenn sie es nicht wissen. Also gibt man der eben gehörten Formulierung den Vorzug vor dieser: »Er ging jeder Frau im Betrieb an die Wäsche, und so wie der mit Geschäftspartnern im Puff rumgewütet hat, ist für seine Frau bestimmt nicht viel übriggeblieben.«

Vor einem ähnlichen Problem steht jeder Arbeitgeber, wenn es darum geht, einem scheidenden Mitarbeiter ein Zeugnis auszustellen. Auf der einen Seite soll er die Wahrheit sagen, d. h. künftigen Chefs eine Vorstellung davon vermitteln, was sie erwartet, andererseits soll, sagt der Gesetzgeber, das Zeugnis von Wohlwollen dem Scheidenden gegenüber getragen sein und sein weiteres Fortkommen nicht erschweren. Die Formulierung: Er bemühte sich, die ihm übertragenen Aufgaben zu unserer Zufriedenheit zu erfüllen, bedeutet nichts anderes als: Er ist zu blöd, um aus dem Fenster zu gucken.

Diese bewusste Metasprache, mit der das eigentlich Gemeinte kostümiert wird und die es sorgfältig zu unterscheiden gilt von der unbewussten Metasprache, von der noch gesondert zu sprechen sein wird, gibt es auch beim Smalltalk. Dort ist sie allerdings schwerer zu enttarnen. Der Formulierung »Schön, dich mal wieder zu treffen« wird immer eine Ambiguität oder auch Polysemie, wenn Sie es lieber griechisch mögen, anhaften. Sie kann bedeuten: »Schön, dich mal wieder zu treffen, hab schon gedacht, dich hat's vom Schlitten gehauen, so schlecht, wie du immer aussahst«, oder auch: »Es war sowieso schon ein Scheißtag heute, aber dass du Sackgesicht mir auch noch über den Weg rennen musst, pisst mich echt an.«

Genau dasselbe gilt natürlich auch für Bühne und Fernsehen. Schon viele tausend Male haben Sie Ihren Moderator sagen hören: »Einen wunderschönen guten Abend, meine sehr verehrten Damen und Herren, ich kann Ihnen nicht sagen, wie ich mich freue, heute Abend in dieser wundervollen Stadt zu Gast sein zu dürfen.« Wir wollen dem Guten nichts unterstellen, aber er könnte damit auch gemeint haben: »Tach, ihr Pfeifen, ich könnte mir zwar was Besseres vorstellen, als einen Tag meines Lebens in diesem verschnarchten Kaff zu verplempern, aber erstens gibt es eine Mörderkohle und zweitens hat meine Freundin sowieso ihre Tage.«

»Wir haben großartige Künstler eingeladen«, fährt unser Freund von der volkstümlichen Musikfront fort und meint möglicherweise: »Weil der Redakteur der Sendung die Promotiontante von der Plattenfirma bumst, hat sie ihm ein paar Zombies aufs Auge gedrückt, die nicht mal fürs Dschungelcamp ein Thema wären.«

»Begrüßen Sie nun besonders herzlich meine zauberhafte Kollegin!« (Und jetzt kommt die dümmste Kuh unter der Sonne.) »Ich frage Sie: Sieht sie nicht hinreißend aus in diesem Kleid?« (Ich frage Sie: Wenn eine Frau schon einen Pferdearsch hat, muss sie dann auch noch am Stoff sparen?)

Wenn Sie in Zukunft unter diesem Aspekt fernsehen, werden Sie eine Menge mehr Spaß haben! Und brechen Sie nicht den Stab über diese Menschen, die auch nur versuchen, irgendwie über die Runden zu kommen, denn der nächste Satz Ihrer Frau könnte lauten: »Bin ich die einzige Frau in deinem Leben?«

INTERVIEW

Du entdeckst im Computer deines Mannes (deiner Frau) einen Liebesbrief – an einen anderen Mann (an eine andere Frau). Wie reagierst du?

SIE

Ich finde digitale Liebesbriefe stillos und würde ihm raten, den nächsten mit der Hand zu schreiben.

ER

Ich würde das ganze Ding erstmal stilistisch auf Vordermann bringen, es wieder auf die alte Rechtschreibung trimmen und ihr das korrigierte Exemplar in die Mailbox legen.

Du bekommst ein Riesenbudget, um einen Pornofilm zu produzieren. Wie sieht der aus?

SIE

Mein Film hieße »Sun fucks Moon« und zu sehen wären die schönsten Sonnen- und Mondfinsternisse der letzten Jahrzehnte, untermalt von der Ode an die Freude.

ER

Es wird eine Quizshow für RTL, moderiert von Günther Jauch. Jede Szene ist ein Paarungsakt zwischen schönen Menschen aus aller Herren Länder, die der bizarren Paarung einer obskuren Tierart nachempfunden ist. Die prominenten Kandidaten aus Kirche, Hochfeuilleton und Politik müssen nach dem Multiple-Choice-Verfahren erraten, um welche Tiere es sich handelt, was wir dann auch immer als Film aufgelöst bekommen.

Ich rechne mit 14,3 Mio. Zuschauern und etwa 80 % Marktanteil in der Zielgruppe.

Bei der Verleihung der Goldenen Kamera ist der Dalai Lama dein Tischnachbar. Plötzlich befummelt er dich unterm Tisch. Wie reagierst du?

SIE
Ich würde ihm sofort was in die Fresse hauen, denn es kann sich nur um einen Doppelgänger handeln.

ER
Mir gegenüber sitzt Klaus Wowereit neben dem Papst. Ich bitte den Regierenden, mit mir den Platz zu tauschen, mit dem Argument, ich wolle auch mal neben dem Papst sitzen. Ich kann ja schlecht den Papst bitten, mit mir den Platz zu tauschen, mit dem Argument, ich wolle auch mal neben Wowereit sitzen.

Der Herr (von ganz oben) ruft an, teilt dir mit, dass er der Menschheit einen neuen Denkzettel verpassen will, und fordert dich auf, eine Arche Monika (Arche Jürgen) zu bauen. Welche 5 Tierpaare nimmst du mit?

SIE
Ich nehme Tanzbären, Party-Löwen, Goldesel, Hornochsen und ein Paar schräge Vögel mit, damit die Stimmung nicht auch noch untergeht.

ER
Schwein, Huhn, Strauß, Rind, Kaninchen; die Fische, die ich auch gerne esse, kommen ja wohl ohne mich klar.

Dein Hirn muss operiert werden. Dabei ist es unumgänglich,
dass du entweder den Gesichtssinn oder das Gehör einbüßt.
Wofür entscheidest du dich?

SIE
Ich würde fragen, ob man nicht aufs Hirn verzichten und dafür beide Sinne behalten könnte.
Aber dann wäre ich ja ein Mann, und wer will das
schon?

ER
Die Hauptsache ist für mich, dass ich die Leute lachen hören kann. Und wenn ich nicht sehe, dass
sie über den Pantomimen rechts hinter mir lachen – umso besser.

Beschreibe dein Traumhaus.

SIE
Es besteht aus einer 200 qm großen Küche mit 5
Gängen, 3 Nachtischzimmern und einem Spiel-
und Rauchersalon. In der Küche steht ein Tisch
von Klostergröße, also ungefähr 16 m lang, damit
für Freunde, Bekannte und Kollegen immer genug
Platz ist. Es gibt ein Frauenzimmer, das für Männer
tabu ist, und ein herrlich großes Badezimmer mit
allem Drum und Dran. Natürlich hat es Gästetoi-
letten und obendrein ein echtes »Stilles Örtchen«,
das in dem riesigen wilden Garten versteckt liegt,
der das Haus umgibt. Hier kann man seinen dringenden Geschäften in aller Ruhe nachgehen, das
Glasdach öffnen und durch venezianische Spiegel
der Natur beim Natürlichsein zuschauen.

ER
Ein schönes 6-stöckiges Haus, in dem ich die riesige Dachwohnung bewohne – mit Terrasse,

Kamin, Wohnküche, Spielzimmer mit Billard und Kicker, und was man sonst so braucht. Unter mir ist eine Wohnung für private Gäste, darunter sind Arztpraxen für alles, was so anfällt, darunter kommt wieder eine Gästewohnung für die Leute, die unten in meinem Theater auftreten. Nebenan sind eine große Buchhandlung und ein schönes Frühstückscafé, daran anschließen sollten sich Restaurants aus aller Herren Länder, Feinkost und Gemüseläden, zwei Off-Kinos. Ein richtig guter Supermarkt, eine klassische alte Markthalle, ein paar Galerien, ein Zauberladen, eine Jazzbar, ein Countryschuppen und ein schöner großer Park zum Joggen. Das ist praktisch alles hinter dem Haus. Nach vorne raus gucke ich natürlich aufs Meer.

Im dritten Teil von »Drei Engel für Charly« mit Cameron Diaz, Lucy Liu und Drew Barrymore sollen auch die Eltern der Aktricen mitspielen. Welchen Engel hast du gezeugt?

SIE

Alle drei sind meine Töchter, natürlich von verschiedenen Männern. Die Väter sind Sean Connery, Richard Gere und Bruce Lee, oder war es Jackie Chan?

ER

So richtig ähnlich sieht mir keine, aber ich denke, es war Lucy Liu, zumindest würde ich ihre Mutter gerne wiedersehen.

Die Gottesanbeterin vertilgt das Männchen nach dem Geschlechtsakt. Wie findest du das?

SIE

Das ist doch genügsam. Ich vernasche manchmal
schon drei zum Frühstück.

ER

Verständlich. Ich habe nach dem Sex auch immer
Hunger, seit ich nicht mehr rauche.

*Wenn ein stattlicher Ochsenfrosch laut rufend Weibchen an-
lockt, hockt oft ein kleiner Kerl still in der Nähe und versucht
mit den herannahenden Froschweibchen zu kopulieren, bevor
sie den Schreihals erreichen.*

SIE

Aus der Sicht des Weibchens wird klar: Konkur-
renz belebt das Geschäft.

ER

Auch Abstaubertore zählen.

*Eine Auster kann ihr Geschlecht während ihres Lebens viele
Male ändern.*

SIE

Das wünsch ich mir immer, wenn ich blöde an-
gemacht werde.

ER

Da spart sie eine Menge Geld.

*Bei den Viktoria-Fällen stürzen bis zu 600 Mio. Liter Wasser
pro Minute den Wasserfall hinunter.*

SIE

Nach einer durchzechten Nacht genau die richtige Erfrischung.

ER

Da hätte ich gerne mal Jesus beim Weinmachen erlebt.

Sonntags üben Henker am Hals ihrer Weiber den Knoten.

SIE

Und das wahrscheinlich auch noch in voller Montur.

ER

Dieses Sprichwort – wenn es denn eins ist – spielt keinesfalls in Deutschland. Ein deutscher Henker wäscht sonntags sein Auto.

Im antiken Athen bestand die Strafe für männliche Ehebrecher darin, dem Übeltäter einen Rettich in den Hintern zu rammen. Was hältst du davon?

SIE

Ich halte das für eine interessante Therapieform, nicht nur für Ehebrecher.

ER

Das lehne ich als Hobbykoch ab. Man soll nicht mit Lebensmitteln herumspielen.

Wenn zwei Männer gegeneinander handgreiflich werden und des einen Frau läuft hinzu, um ihren Mann zu erretten von der Hand dessen, der ihn schlägt, und sie streckt ihre Hand aus und ergreift ihn bei seiner Scham, so sollst du ihr die Hand abhacken und dein Aug soll sie nicht schauen. 5 Mose 25, 11–12

SIE

Eine Gebrauchsanweisung mehr, die ich nicht
verstehe. Bevor nicht eindeutig geklärt ist, wer an
wessen Scham greift, kann ich dazu nichts sagen.

ER

Über diese Stelle würde ich gerne mal in einer
Talkshow diskutieren, zusammen mit Eugen Dre-
wermann, Papst Benedikt, Uta Ranke-Heine-
mann, Kardinal Meisner, unter Leitung von Alice
Schwarzer.

*Julia Roberts hat über ihre Charaktereigenschaften gesagt: Ich
bin höflich, koche gern und halte grundsätzlich mein Klo sau-
ber.*

SIE

Das hätte ich von einem Hollywood-Star im
Leben nicht gedacht.

ER

Ja, wenn man sonst nix zu tun hat.

*Welcher der drei real existierenden Lobbys des deutschen
Bundestages würdest du beitreten, a) Zentralverband Natur-
darm b) Internationale Drehorgelfreunde oder c) Fachverband
Fußverkehr Deutschland?*

SIE

Neugierig macht mich der Fachverband Fußverkehr. Vielleicht gibt es völlig neue Erkenntnisse
über Blasen an den Füßen, das Schwielenhobeln
oder die Zehenspitzenerotik.

ER

Keinem. Sex ist Privatsache.

SIE Flirten

Tucholsky sagte, flirten ist ›mit den Augen bei
den Händen fassen‹. Seine raffinierte Beschrei-
bung deutet an, dass Flirten die weibliche Vari-
ante dessen ist, was Männer gemeinhin unter An-
baggern, Aufreißen und Klarmachen verstehen.
Das würde Tucholsky vielleicht als ›mit den
Augen grabschen‹ umschreiben, weil sich dahinter die deutliche Absicht verbirgt, eine willige Se-
xualpartnerin zu finden, die man – am besten
möglichst schnell – abschleppen kann. Der hormonell bedingte Zeitdruck, unter dem Männer
während eines bestimmten Altersabschnittes stehen, gebiert dann Anmachsprüche, von denen
man nicht glauben sollte, dass ein Notständler sie
ernsthaft anwendet: »Mein T-Shirt und deine
Hose würden sich gerne kennenlernen. Gönnen
wir ihnen den Spaß?« Oder: »Ich bin Organspen-
der. Brauchst du was?« Oder etwas konservativer:
»Ich würde gern mit dir frühstücken. Darf ich
dich zum Abendessen einladen?« Darauf kann
Frau eigentlich nur antworten: »Weder noch,
danke, bisschen Ficken ist okay, aber nicht mit
dir.«
Das Flirten ist nicht auf die direkte Suche nach
Triebbefriedigung beschränkt, sondern viel weiter gefasst. Es bezeichnet das Spiel mit erotischer
Spannung, die sich oft überraschend zwischen
zwei Leuten aufbaut. Flirten ist eine der pri-
ckelndsten Formen menschlicher Kommunikation. Wer nicht jede Gelegenheit nutzt, es zu tun,
ist selber schuld. Die Fähigkeit dazu ist uns in die
Wiege gelegt und als Babys sind wir Weltmeister
in dieser Disziplin. Wir nehmen Blickkontakt mit
fremden, sympathischen Zeitgenossen auf und

starten das Spiel ›Angucken, Weggucken, wieder Angucken, Weggucken, Angucken, Lächeln‹ usw., bis zu dem Zeitpunkt, wo man sich aus voller Seele anlacht und für Momente zutiefst beglückt ist. Flirten, früher auch Schäkern genannt, ist laut deutschem Wörterbuch ein Bekunden erotischer Zuneigung, und als Babys sind wir Erotik pur, kein Wunder also, dass wir es damals perfekt beherrschten.

In der Pubertät, also ausgerechnet dann, wenn wir diese segensreiche Fähigkeit am dringendsten bräuchten, scheint sie bei den meisten wie weggeblasen, außer bei einigen Naturtalenten, die mit einem Augenaufschlag ihren Mathelehrer veranlassen, ihre Zensur von 5 auf 3 zu transferieren. Wir fragen uns zum ersten Mal, ob wir schön, cool oder intelligent genug sind, um auf dem Markt der Chancen bestehen zu können, statt uns auf unsere natürliche Erotik zu verlassen, die bei jedem Menschen eine eigene Ausprägung hat, wie ein Fingerabdruck. Je verunsichernder diese Fragen auf uns wirken, desto geringer ist unsere Flirtkompetenz, unsere Fähigkeit, mit dem anderen Geschlecht auf reizende Art Kontakt aufzunehmen. Diesem Teufelskreis entkommt am besten, wer sich klarmacht, dass ein Flirt kein Heiratsantrag ist. Man darf ihn nicht ernst nehmen, er beinhaltet keinerlei Verpflichtung, sondern weckt die Lebenslust und kitzelt besonders den Sinn für Möglichkeiten, entfaltet den Zauber dessen, was sein könnte, schickt uns auf diese schönste aller Phantasiereisen mit dem Titel: Was wäre wenn? Flirten ist Spaß, den zwei Wesen zusammen haben können, die sich erotisch voneinander angezogen fühlen. Unabhängig von Alter und Familienstand. Blicke, Verhalten, Gesten oder scherzhafte Worte bekunden das Interesse desjenigen, der beim Flirten den ersten Ball spielt. Auf die Psyche des Beflirteten wirkt das wie eine Botoxspritze, die Falten verschwinden lässt. In Nanosekunden wird die eigene Erotik zu einer perfekten Mixtur aus Körper, Seele und Geist, geschmacklich auf dem Punkt. Die Herzfrequenz ist erhöht und alle Sinne sind aktiv, wenn der Ball angenommen und entweder direkt oder über die Bande zurückgespielt wird. Mitunter führt dieses Kurzpass-Spiel sogar über Los, also zu einem Abstaubertor, oder auch ins Gefängnis, also in eine Beziehung. Jedenfalls hebt Flirten Laune und Selbstbewusstsein um 1000 Prozent.

Das Geheimnis erfolgreichen Flirtens ist die komplette Installation des Selbst im Augenblick. Aber man sollte auch das Objekt der Begierde nicht völlig aus den Augen verlieren. Ich erinnere mich an einen süßen Typen, der vor mir auf die Knie fiel, um mich mit original Romeo-Monologen anzuschmachten. Er war nicht meine Baustelle, trotzdem wiederholte er seinen Act im Viertelstundenrhythmus, bis ich das Lokal wechselte. Ganz anders die Situation in einem kleinen französischen Supermarkt, in dem ich einkaufte, damals Anfang 20, während ich am Meer zeltete. Ein alter Mann stand an der Kasse und packte meine Einkäufe in Plastiktüten. Von diesem Service überrascht, strahlte ich den Mittsechziger mit einem ›Merci‹ an. Er, über seine Arbeit gebückt, schaute mich schräg von unten mit einem unverblümt feurigen Blick an und sagte schelmisch grinsend: ›Ihnen würde ich auch gerne beim Auspacken helfen.‹ Ha, ich weiß gar nicht mehr, ob ich rot geworden bin, wahrscheinlich,

aber eines weiß ich, unsere Blicke versprühten
Funken. Für mich sind die Augen zum Flirten so
notwendig wie zum Küssen der Mund. Nur mit
ihnen kann ich das zauberhafte Lächeln sehen,
das entsteht, wenn ich jemandem sage: ›Als Gott
dich schuf, wollte er sicher angeben.‹

ER Flirten

Manchmal, wenn man sich gerade wieder als
Krone der Schöpfung fühlt, reicht ein Zeitungsartikel, um einem klarzumachen, wie schlicht wir
Menschlein doch gestrickt sind. Männchen einer
bestimmten Springspinnenart (»Habronattus
dossenus«), las ich unlängst im Spiegel, werden
von den Weibchen erst nach Gesangs- und Tanz-
darbietungen mit Sex belohnt. Ein US-Forscher
fand heraus, dass die Balzgesänge dieser Braut-
werber aus Kratz- und Schlaggeräuschen, kombiniert mit eher hupenartigen Tönen bestehen. Be-
gleitet werden die Darbietungen von Beinbewe-
gungen, die dem Werben den Anschein eines
Stepptanzes geben.
Alle schönen Künste haben ganz offensichtlich
ihren Ursprung in dem dringenden Wunsch, das
Weibchen zur Paarung zu bewegen. Klassische
Musik und Ballett, Jazz, Rock und Pop, Hip-Hop,
Rap und Breakdance, Nachtigall und Minnesän-
ger, Pfau und Pavarotti, Nashorn und Nurejew,
alle wollen im Grunde nur das eine. Dabei kennt
die Natur auch extreme, quasi kontraproduktive,
weil devitalisierende Balzrituale. Die Erdkröte
z. B. pumpt sich auf, um ein Balzquaken zu produzieren. Nun wollen laut *Süddeutsche Zeitung*
Spaziergänger an einem Weiher in Hamburg-Al-

tona beobachtet haben, wie die Amphibien sich aufgeblasen hätten wie Ballons, um dann unter entsetzlichem Gequake zu explodieren. Umweltexperten und Veterinäre untersuchen das Krötensterben zur Zeit. Haben wir es etwa mit einem Goethe'schen Drama zu tun, einem Werther auf Erdkrötenbasis? Sind Kröten überhaupt zu Gefühlen wie Kummer über Zurückweisung oder Eifersucht fähig?

Neben Balzoverperformern finden sich im Tierreich aber auch geborene Loser wie die Pinguine: Sie können nicht fliegen, nicht vernünftig laufen, nicht singen, nicht tanzen – und was tun sie, um sich das Weibchen geneigt zu machen? Sie schleppen kleine Steinchen heran, die dann dem Nestbau dienen könnten, und legen sie dem Weibchen zu Füßen. Auch dazu fällt mir wieder Goethe ein: »Wer immer strebend sich bemüht, den können wir erhören.«

Alle Kunst ist Sexwerben, diese These steht in diametralem Gegensatz zu Freuds These: Voraussetzung aller Kultur ist Triebverzicht. Was heißt das überhaupt? Nun, ich lerne meine Triebe zu unterdrücken, sublimiere sie besser gesagt und erhalte als Gegenleistung etwas Höherwertiges. Ein Beispiel. Ich unterdrücke meinen Wunsch nach aufregendem, abwechslungsreichem Sexleben und erhalte dafür die Ehe. Vielleicht habe ich Freud auch falsch verstanden.

Ich werde sehr oft gefragt, warum ich öffentlich bunte Hemden trage. Ich wusste es selber nicht, bis ich kürzlich Folgendes in der *Bild* las: Warum sind Fische so bunt? Klar, es hat was mit Sex zu tun. Schrille Farben locken Sexpartner. Vor Bali beobachteten Biologen einen Schwarm Lippfische(!). Plötzlich huschten neonblaue Streifen über die Körper der Männchen. Durch die Lasershow wurden die Weibchen in Leidenschaft versetzt. Sie stiegen mit den Männchen auf und stießen einen Schwall Eier aus, die sich mit dem Sperma der Männchen mischten. Wer nicht tanzen, singen oder malen kann, sich nicht aufreizend zu kleiden weiß oder erkennbar steinreich ist, muss sein Heil in der richtigen Ansprache suchen, im Baggern, vornehmer: Flirten. Das ist eines der Worte, für die es im Deutschen keine ähnlich schicke Entsprechung gibt. Langenscheidts Taschenlexikon übersetzt es mit »kokettieren«, weicht also nach Frankreich aus. Anbändeln bringt es irgendwie auch nicht. Gemeint ist jedenfalls: unverbindliche Kontaktaufnahme durch Gesten, Blicke oder Worte, bei Gefallen späterer Geschlechtsverkehr nicht ausgeschlossen. Das Thema ist deshalb so reizvoll, weil es wie kaum ein anderes Comedygold beinhaltet. Es gibt zahllose Anmachsprüche, über die wir lachen, die wir großartig finden, aber in der Realität nie anwenden würden. Die Skala reicht dabei von poetisch über raffiniert bis zu entwaffnend vulgär. Ich habe immer besonders folgenden gemocht: »Tanzen Sie?« – »Nein, danke.« – »Fein, dann können Sie ja mein Glas halten.« Vermutlich, weil er einem die Abfuhr versüßt, mit der schüchterne Menschen wie ich immer schon rechneten, was in extremen Fällen dazu führt, dass man nur noch wartet, bis das Mädchen den ersten Schritt tut, oder es zugeht wie in einem anderen von mir hochgeschätzten Gag: Ein Mann sitzt in einer Bar. Er möchte eine Frau ansprechen, aber er traut sich nicht. Also trinkt er Alkohol. Nun traut er sich, aber er kann nicht mehr sprechen. Die traurige Rolle des Alkohols in Liebesdingen ist nicht nur ein eigenes Kapitel, sondern eher eine eigene Bibliothek wert.

Aber zurück zum Flirten. Als älterer Mensch müssen Sie Ihrem Alter angemessen vorgehen. Sie können nicht mehr sagen wie noch mit 40: Kann ich heute Nacht bei dir schlafen? Mein Bett ist kaputt. Oder: Falls Sie den Abend durch ein sexuelles Erlebnis krönen möchten, zwischen meinen Beinen wartet Gott auf Sie. Stattdessen sollten Sie auf Romantik setzen.

Im Urlaub an der See können Sie Folgendes machen: Sie bereiten eine Flaschenpost vor oder auch mehrere – wie heißt der Plural von Flaschenpost? Also mehrere Flaschen mit einem Zettel, auf dem natürlich immer dasselbe steht, Sie schmeißen sie ins Wasser und gucken und wenn eine Frau eine rausfischt, schleichen Sie sich rasch heimlich und leise von hinten an, denn auf dem Zettel in der Flasche steht: »Drehen Sie sich um, das Glück steht hinter Ihnen.«

Museen sind z. B. sehr geeignete Orte für den Seniorflirter. Wenn eine Frau solo versonnen vor einem Bild steht, kommen Sie von hinten und fangen an, passende Lyrik abzusondern. Zu Caspar David Friedrich passt fast immer Eichendorffs Mondnacht: »… und meine Seele spannte weit ihre Flügel aus, flog durch die stillen Lande, als flöge sie nach Haus.« Und wenn sie dann anfängt, leicht nach innen zu schielen, können Sie nachsetzen mit: Sie haben wundervolles Haar, aber es braucht andere Beleuchtung, ich kenne da ein kleines Restaurant. Und dortselbst setzt es dann beim Dessert den Fangschuss: »Ich spiele mit dem Gedanken, Sie als Begünstigte meiner Lebensversicherung einzusetzen, wenn Sie mich zu Tode bumsen.« Geschmeidiger geht's doch nicht.

Und man hat auch immer eine Entschuldigung im Alter: Wenn sie sagt, wie kommen Sie mir denn vor, sind Sie nicht in festen Händen? Oh, ja, glatt vergessen, Alzheimer. Damit wir uns recht verstehen, das alles ist als kleines Vademecum für Sie, den reifen männlichen Leser gedacht, ich bin natürlich treu und rette mich aus einer Situation, die ins Verfängliche abzurutschen droht, immer mit einem Gag. Wenn ich nach einem Auftritt mal versehentlich bei einer Frau lande und sie sagt sinngemäß: Diese Couch, auf der wir jetzt sitzen, kann man ganz schnell in ein Bett verwandeln, dann sage ich:»Wissen Sie, jede Couch verwandelt sich in ein Bett, wenn man genug trinkt. Und wenn man dann weitertrinkt, auch in eine Toilette ...«

SIE Autofahren

Das Autofahren an sich ist ganz schön – was stört, ist nur der Verkehr. Man kommt leider gar nicht mehr dazu, das tolle Gefühl von schneller Bewegung zu genießen. Stattdessen sitzt man, Puls und Adrenalinspiegel am Anschlag, angeschnallt wie in der geschlossenen Psychiatrie in diesem Blechkasten, und arbeitet sich schrittweise voran, d. h., eigentlich steht man rum und darf von Zeit zu Zeit etwas vorrücken, wie mit einem Figürchen auf dem Spielbrett. Nur würfeln darf man nicht, das machen die Ampeln. Dafür bekommt

man Ereigniskarten in Form von Baustellen, Um-
leitungen, Radarkontrollen, voll belegten Park-
häusern, Halteverboten und Staus mit auf den
Weg. Stress pur und angesichts der Spritpreise
auch noch scheißteuer. Genauso könnte man
sich in eine Familienpackung Heftzwecken setzen und gemütlich Geld verbrennen. Und das ist
auch lange nicht so gefährlich, als wenn man auf
die Bremse tritt, während man mit 60 km/h auf
einen stehenden Lastwagen zurast und feststellt,
dass sie sich widerstandslos bis zum Anschlag
durchtreten lässt. Ich zog die Handbremse bis
zum Anschlag, wich auf den Seitenstreifen aus,
benutzte die Bordsteinkante als seitliche Bremse
und kam ungefähr 20 cm vor der grünen Minna
zu stehen, aus der gerade zwei Polizisten ausstie-
gen. Sie dachten natürlich, ich sei unfähig, vernünftig einzuparken, und kamen erst von ihrem
hohen Ross runter, als sie tatsächlich eine ge-
rissene Bremsleitung und die Spur der ausgelau-
fenen Bremsflüssigkeit auf dem Asphalt fanden.
Nachdem ich auf einer sechsspurigen Pariser
Stadtautobahn im Berufsverkehr mit einer defek-
ten Benzinpumpe umhergehoppelt war, konnte
ich abends meine ersten drei weißen Haare begie-
ßen. Aber der absolute Hammer war das Lenkrad
samt Säule, das ich in der Kurve einer Autobahn-
Ausfahrt mit 70 Sachen plötzlich freibeweglich in
Händen hielt. Ich halte so etwas im Grunde auch
heute noch für unmöglich. Mit viel Glück landete ich nicht in der Notaufnahme, sondern wieder auf einem Seitenstreifen und verließ missge-
launt das Auto. Mein Anblick muss wenig einla-
dend gewirkt haben, denn alle vorbeifahrenden
Autofahrer schauten sofort weg und gaben sogar
Gas, statt anzuhalten und zu helfen. Es muss an

dem Lenkutensil gelegen haben, das ich immer noch festhielt. Vielleicht nahmen sie an, ich hätte in einem Wutanfall meinem Auto das Steuer herausgerissen und würde das Gleiche mit dem ihren tun, wenn sie stoppten. Vielleicht dachten sie auch: Ach guck, die Frau Cleves! Hat das Auto in der Garage vergessen und ist nur mit dem Lenkrad losgefahren. Ich habe zwar das Auto reparieren lassen und noch 2 Jahre gefahren, aber diesen Fahrzeugtyp bei Neuanschaffungen nie wieder in Erwägung gezogen. Wie man liest, geht es der Firma heute wirtschaftlich nicht besonders, und das ist auch gut so.

Komischerweise rege ich mich über technische Defekte, auch wenn sie zu gefährlichen Situationen führen, aber weniger auf als über andere Autofahrer – solche, die ihr Handwerk nicht beherrschen, wie jener Volltrottel, der kürzlich vor mir auf der Autobahn seine Karre mit einer Vollbremsung zum Stehen(!) brachte, um ein sich einfädelndes Fahrzeug ›reinzulassen‹. Ich frage mich, was dessen Fahrlehrer eigentlich von Beruf war? Ich konnte weder rechts noch links ausweichen, und die Wucht, mit der ich in die Eisen latschte, hätte ausgereicht, ein Mittelgebirge platt zu machen. Mit derselben Wucht hätte ich ihn gerne ... und dann zur Sau gemacht, denn ich hatte kaum noch Blut im Adrenalin. Aber ich musste weitere blitzschnelle Entscheidungen treffen, um endgültig aus der Gefahrenzone zu gelangen, denn von hinten kamen noch einige Zeitgenossen von der Sorte angerast, die ihre Heckklappe mit dem Aufkleber »Lieber tot als langsam« verzieren. Wie auf der Achterbahn im freien Fall, frage ich mich in solchen Momenten immer, ob ich wohl lebend wieder aus dem

Wagen herauskomme, und vor allem: ob mein Schminktäschchen ausreicht, um die Unfallfolgen zu kaschieren für den Fall, dass der Chefarzt der Unfallklinik ausgesprochen gutaussehend ist. (Ich möchte wetten, dass sich heterosexuelle Männer darüber noch nie Gedanken gemacht haben, obwohl es mittlerweile auch viele Chefärztinnen gibt.)

Man kann sich im Verkehr nicht mehr die kleinsten Momente der Unaufmerksamkeit leisten, und damit komme ich zum Thema Beifahrer. Völlig unproblematisch sind fast alle Frauen, die – auch wenn sie einen zuquatschen – ein sicheres Gespür dafür haben, wann sie die Klappe halten müssen. Risiken bergen nur solche Frauen, die mit Vehemenz Aufmerksamkeit absorbieren, wie z. B. meine Mutter, der ich vier Totalschäden auf einen Schlag zu verdanken habe. Wir befanden uns auf dem Rückweg von der Kirmes, als sie ihre Zigarette oben aus meinem 2 CV warf, obwohl vor ihr ein Kingsize-Aschenbecher am Armaturenbrett hing. Die brennende Kippe landete auf dem aufgerollten Verdeck und konnte sich lange nicht entscheiden, ob sie raus oder rein fallen sollte. Ich hab mich dann einmal zu oft umgedreht, um das Ergebnis zu erfahren, und dabei drei parkende Fahrzeuge und mein eigenes geschreddert. Außer uns selbst blieb nur die 5-Liter-Flasche Martini Rosso, die wir beim Ringewerfen gewonnen hatten, unversehrt. Sie hat uns nach der Alkoholkontrolle noch gute Dienste geleistet. Die meisten Männer hingegen sind als Beifahrer die Pest. Sie wollen Einfluss nehmen auf Fahrstil und Geschwindigkeit und entblöden sich auch nicht, ins Steuer zu greifen, zu hupen oder unverhofft den Scheibenwischer zu betätigen. Das ist unerträglich. Eine liebe Bekannte hat in einer solchen Situation mal komplett durchgedreht: Sie zog während der Fahrt den Schlüssel ab und warf ihn aus dem Fenster. Kurze Zeit später den Mann aus ihrem Leben. Ich rege mich inzwischen kaum noch auf und diskutiere auch nicht mehr, sondern halte sofort an mit der knappen Aufforderung: Rücksitz oder raus! Gern genommen werden auch Beifahrer mit Sonderwünschen. Mein Mann zum Beispiel, ein herzensguter Auto-Neurotiker, ohne jegliche Ambition, jemals den Führerschein zu machen, hasst besonders Autobahnen und nutzt jede Gelegenheit, mich dazu zu bewegen, über Landstraßen das Ziel anzusteuern. Nun kann er – wen wundert's – auch keine Straßenkarte lesen, ist also im Bedarfsfall keine Hilfe. Und obwohl ich mit ihm nur zuzeiten die Autobahn benutze, in denen eigentlich kaum Verkehr herrscht, flippt er trotzdem regelmäßig aus, wenn er weit entfernt am Horizont ein anderes Fahrzeug erkennt. »Stau!«, schreit er sofort hysterisch, »Lass uns schnell abfahren!« Manchmal glaube ich, er hat mir nie wirklich verziehen, dass ich ihn mal an einer Raststätte ausgesetzt habe, d.h., er war pinkeln und ich habe mich auf dem Parkplatz versteckt. Wer ahnt denn, dass mein schüchterner Gatte die erste beste Frau anhaut und die ihn tatsächlich mitnimmt. Erst 200 km später habe ich ihn wieder einfangen können. Seitdem nehme ich das Auto und er die Bundesbahn, wenn wir in Urlaub fahren. Da ich in der Regel um Stunden schneller am Ziel bin als er, habe ich das Ferienhaus meistens schon komplett bezugsfertig gemacht, eingekauft und gekocht und bin bereits in bester Ferienlaune, wenn er anruft und mitteilt, an welchem Bahnhof ich ihn denn diesmal einsammeln darf. Das hört sich vielleicht merkwürdig an, aber wir fahren lieber getrennt und leben zusammen als umgekehrt.

ER Autofahren

Ich bin keiner, der die Augen vor unbequemen Wahrheiten verschließt. Und so sage ich hell und klar: Natürlich gibt es Frauen, die sehr gut Auto fahren und sogar einparken können.

Allerdings muss auch die Frage erlaubt sein: Was ist mit diesen Frauen schiefgelaufen? Denn zu den wissenschaftlich erwiesenen Unterschieden zwischen Mann und Frau gehört nun mal die Tatsache, dass Frauen ein schlechteres räumliches Vorstellungsvermögen haben. Meistens, sollte man hinzufügen, das ist ganz wichtig. Denn im Einzelfall, wie zum Beispiel bei meiner Frau und mir, ist es durchaus umgekehrt. Aus einer Spendierlaune heraus hat mich die Natur mit einer ganzen Reihe als typisch weiblich geltende Eigenschaften ausgestattet, als da wären ausgeprägtes musisches und sprachliches, hingegen null wissenschaftliches Interesse sowie Freude an Handarbeiten – will sagen, als Kind habe ich für meine Freundinnen Puppenmützen gehäkelt, weil ich mich, warum auch immer, von meiner Mutter in dieser Fertigkeit habe unterrichten lassen. Mit noch größerer Freude habe ich von klein auf ihr, einer gelernten Köchin, täglich bei der Zubereitung des Abendmahls assistiert.

Berufsbedingt mache ich auch mehr Worte als der Durchschnittsmann. Was ich allerdings so gar nicht teile, und da bin ich ganz normal, ist die

Angewohnheit meiner und der meisten anderen Frauen, kleine Alltagsbegebenheiten, die durchaus nicht ohne Reiz, aber auch nicht mit wirklich viel Aufwühlpotenzial ausgestattet sind, in Echtzeit zu erzählen, gestützt von italienisch anmutender Gestik, versteht sich.

Eine Theorie besagt, dass all die sogenannten typischen weiblichen und männlichen Eigenschaften Resultat einer bestimmten hormonellen Situation im Mutterleib während der spezifischen Phase sind, in der sie zur Ausprägung gelangen. Nehmen wir also einmal an, während der 24. Schwangerschaftswoche wird darüber entschieden, wie der kleine Embryo sich einmal am Volant bewähren wird. Der – ich nenne ihn jetzt mal Fahr-und-Park-Hormonbehälter – muss jetzt zu mindestens 70% gefüllt sein, damit man als typisch männlich durchgeht. Das ist dann der Theorie zufolge bei Mädchen seltener der Fall als bei Jungs. Bei mir allerdings war er zu 80% leer. Und so war später die Fahrprüfung folgerichtig die mit Abstand schwerste Prüfung meines Lebens (wenn man vom Ziehen der Tamponade nach meiner Hämorrhoidenoperation einmal absieht). Und mangels Begabung macht mir Autofahren auch nicht den mindesten Spaß; am ehesten noch in Nordamerika, wo wenigstens kein areligiöser Selbstmordattentäter von hinten mit 240 Sachen angebrettert kommt und die Straßen auch angenehm breit sind. Eigentlich bin ich – wiewohl nicht im strengen Sinne gläubig, aber hier passt es mir ganz gut in den Kram – der Überzeugung, dass der Schöpfer uns, wenn er gewollt hätte, dass wir uns mit mehr als 25km/h über Land bewegen, mit einem entsprechenden Düsenantrieb ausgestattet hätte (so wie er uns kürzere Arme gemacht hätte, wenn er wirklich gegen Selbstbefriedigung wäre). Ich konnte schon während meiner aktiven Zeit als Radfahrer, es mögen 6 Monate gewesen sein, nur selten einen Zusammenstoß vermeiden, wie denn auch, der Mensch kann einfach nicht so schnell reagieren.

Ich habe auch wenig Verständnis für Sätze wie diesen: »Gestern bin ich in vier Stunden von Köln nach Berlin gefahren, normal sind sechs, da habe ich glatt zwei Stunden gespart!« Toll, und was macht der Depp mit den gesparten zwei Stunden? Nichts, stattdessen erzählt er eine Woche lang jeden Abend drei Stunden von seiner Wahnsinnsfahrt.

Mein Körper hat mir schon in zartem Alter signalisiert, dass er einen Transport von A nach B im Auto nicht zu tolerieren gedenkt. Ich litt unter Reisekrankheit und kotzte nach spätestens 10 Minuten Autofahrt pfeilgeschwind aus dem Fenster bzw. dagegen, wenn die Zeit zum Herunterkurbeln – die Älteren werden sich noch an diesen vorelektronischen Mechanismus erinnern – nicht mehr reichte. Dann gewann ich in einem Malwettbewerb auf dem Gymnasium einen Preis, und zwar die Teilnahme an einer Zonengrenzfahrt per Bus. Thema war die Teilung Deutschlands gewesen, ich hatte einen im Stacheldraht hängenden Mann hingetuscht, dessen Gesicht Munchs »Schrei« nachempfunden war. Die Tatsache, dass die Busreise geschlechterübergreifend war, ließ mich auf meine Reisekrankheit pfeifen. Mit vor präpubertärer Vorlust geblähten Backen und medikamentös gestützt durch Suppositorien begab ich mich auf einen einwöchigen Leidensweg, an dessen Ende mir die Teilung unseres Vaterlandes restlos wurscht war – schließlich fühlte sich mein Magen mindestens so zerrissen an wie meine Heimat, und bei »Brocken« dachte ich keineswegs an den streng bewachten Gipfel des Harz. Immerhin musste der Bus an den letzten beiden Tagen meinetwegen nur noch alle zwei Stunden halten, aber Kontakt, gar körperlichen, zu einer meiner Mitpreisträgerinnen gab es trotzdem nicht – nicht einmal, als ich aufgewühlt erzählte, ich hätte gerade eines meiner Zäpfchen völlig unversehrt erbrochen.

Später verschwand die Reisekrankheit auf wundersame Art, als sich nämlich nach einer Woche Bundeswehr herausstellte, dass die einzige Möglichkeit, am Wochenende nach Hause zu kommen, die Mitfahrt im Auto eines ebenfalls aus Aachen stammenden Stubenkameraden war. Und so erlebte ich denn mit 18 meinen ersten Unfall als Beifahrer. Unverletzt, möchte ich zu Ihrer Beruhigung hinzufügen, ebenso wie Unfall zwei und drei, auch beim Bund und als unvoreingenommener Betrachter vom Beifahrersitz aus. Selber aktiv wurde ich erst während meiner eingangs erwähnten Führerscheinausbildung, als ein Motorrad plötzlich die Idee hatte, mit mir im Sattel eine Wand hochzufahren. Motorsportbegeisterten könnte ich mit Anekdoten aus dieser Zeit jetzt viel Kurzweil bereiten, etwa wie ich an der damals gebräuchlichen sog. Onanierschaltung eines bestimmten Lastwagentyps scheiterte, aber ich möchte meine Kernzielgruppe nicht verprellen, die Sprachliebhaber. Und ich kann nur hoffen, dass ich sie mit der kleinen Schlussanmerkung zurückgewinnen kann, dass schon das Wort Automobil ein Sprachbastard ist, eine Promenadenmischung aus Latein und Griechisch, ähnlich wie Paradentose, die rein Griechisch na-

122

türlich Parodontose heißen müsste. Automobil, also das sich selbst Bewegende, würde man komplett Griechisch korrekt Autokinetikon nennen oder Ipsomobil auf Latein, und ich bin gar nicht mal sicher, ob ein Michael Schumacher das eigentlich weiß.

SIE Treue

Treue ist ein eigenartiges Lebenselixier, vergleichbar mit dem Glauben und der Spiritualität. Sie ist kein Grundbedürfnis des Menschen wie Hunger, Durst oder Sex und man muss nicht treu sein können, um gut durchs Leben zu kommen. Treue ist eher eine emotionale Charakterstärke, die automatisch entsteht, wenn die Überzeugungen und Wünsche, die ein Mensch im Laufe seines Lebens entwickelt, stark wie ein Baum werden. Wer seinen Ansichten und Vorsätzen treu bleibt, auch bei orkanartigem Gegenwind, wirkt anziehend und vorbildlich für andere, denken Sie an Nelson Mandela, Gandhi oder Trude Herr.

Sich selbst treu zu bleiben ist ein kniffliges, lebenslanges Unterfangen, doch richtig kompliziert wird es mit der Treue in Liebesangelegenheiten. Zum ersten Mal frisch verliebt, kann man sich gar nichts anderes vorstellen, als seiner Liebe treu zu sein. Doch je normaler die eigene Sexualität und je konkreter die sich entwickelnden Ansprüche werden, desto kleiner wird die Auswahl der in Frage kommenden Partner. Da nutzt man

123

als junger Mensch gern alle sich bietenden Möglichkeiten, die Tauglichkeit potenzieller Partner zu erproben, um den immer größer werdenden Wunsch nach beständiger Innigkeit zu befriedigen. Im Gespinst von Zukunftsträumen und Spaß am Sex wird man untreu, ohne dabei Scheu oder Scham im Sinne von Verrat zu empfinden. Im Gegenteil, eine Liebesnacht kann Klärung bringen – nicht umsonst heißt es »Drum prüfe, wer sich ewig bindet.«

Ob und wie viel Untreue eine Partnerschaft verträgt, stellt sich dummerweise immer erst nach der Tat heraus. In jedem Fall verwandelt der Vertrauensbruch die herrlich bunte Sommerwiese, die das Leben des frisch verliebten Paars bis dahin war, ruck, zuck in einen verdorrten Acker, der jedem Hirsel deutlich zeigt, wie kostbar Treue eigentlich ist und warum Eheringe aus Gold sind. Oft lohnt es sich, das Brachland gemeinsam wieder zu bewässern, und es findet zu seiner ursprünglichen Pracht zurück. Allerdings ist alle Mühe vergebens, wenn der Brunnen kein Wasser mehr hat.

In der Werbung ist Treue auch ein zentrales Thema. Zur Zeit wird die kostbare Treue verstärkt als Wirtschaftsfaktor vermarktet und es werden Milliardenbeträge für Werbung ausgegeben, um uns Verbraucher zu Markenbewusstsein und Produkttreue bzw. -untreue zu verführen. Henry Ford sagte zu diesem Thema: ›Die Hälfte der Kosten für Werbung ist rausgeschmissenes Geld. Man weiß nur nicht, welche.‹ Im Mittelpunkt zahlloser Verkaufs- und Werbeaktionen steht der treue Kunde, und es vergeht kaum ein Tag, an dem man nicht mit irgendwelchen Treuepunkten und neuen Kundenkarten im Portemonnaie nach Hause kommt, egal ob man im Kino, im Supermarkt oder an der Tankstelle war. Mit diesen Kundenkarten werden die Treue, die Häufigkeit der Einkäufe und das Einkaufsverhalten überprüft und mit Ermäßigungen, unsinnigen Geschenken und vollgemüllten elektronischen Briefkästen belohnt.

In Liebesziehungen nimmt der Gedanke der Überprüfbarkeit von Treue neuerdings kuriose Formen an. Unzählige Agenturen verdienen ihr Geld damit, die Treue von Partnern harten Prüfungen zu unterziehen. Bei diesen Treueprüf-Veranstaltungen werden ahnungslose Zeitgenossen gekonnt und mit voller Absicht in Versuchung geführt und zum Seitensprung animiert. Das muss man sich mal in Ruhe zu Gemüte führen. Da beauftragt z. B. eine Frau eine andere damit, ihren Mann zu verführen, und stellt dieser, natürlich zu ›treuen Händen‹, eine detailliert ausgeschmückte Liste all seiner Vorlieben und Abneigungen zur Verfügung, damit das auch klappt. Mich überraschen Frauen, die ernsthaft annehmen, ein Mann wäre imstande, derart professionalisiertem In-Versuchung-Führen zu widerstehen. Das ist so wahrscheinlich wie ein Alkoholiker, der den ihm aufgedrängten Drink ablehnt. In einem Interview las ich, dass die Auftraggeberinnen als Grund für diesen Treue-TÜV häufig angeben, sie seien sich nicht sicher, ob ihr Mann sie nicht nur wegen ihres Geldes geheiratet hätte. Um das herauszufinden, meine lieben Schwestern, ist so ein Test doch viel zu unsicher. Verschenkt besser eure ganze Knete, und ihr werdet es ganz genau wissen.

ER Treue

Wer denkt bei dem Wort Treue nicht automatisch an den Schäferhund, der sich auf dem Grab des Herrchens zu Tode hungert. Und wenn nicht daran, dann denken Sie sicherlich an den Feudalismus, jene spätmittelalterliche Gesellschaftsordnung, in der der Vasall dem Herrn, dem Lehensgeber einen Treueeid leistete. Wenn Sie jetzt sagen: »Hoho, ich verbinde aber mit diesem Wort die eheliche Treue, die ich meiner Frau vor dem Altar geschworen habe«, dann sage ich: »Schön für Sie, aber die gibt es im wirklichen Leben nicht, sie existiert nur als Idee. Sie ist eine von diesen Erfindungen, die vermutlich die Erbsünde ausmachen.« Der Mensch wird ständig dazu verdonnert, unerreichbaren Idealen hinterherzuhecheln, wie zum Beispiel der Nächstenliebe oder eben der Treue. Meist hat dabei die Kirche die Hand im Spiel, wie beim Verbot vorehelichen Verkehrs für die Schafe oder gar dem völligen Verzicht auf Sex für die Hirten, aber nicht immer – manchmal steckt auch der Kommunismus dahinter. Das Ganze ist eine Art seelische Beschäftigungstherapie, die verhindert, dass wir selbstzufrieden oder gar glücklich werden.

»Du kannst nicht treu sein, nein, nein, das kannst du nicht«, beginnt ein alter Karnevalsschlager, und er fährt fort: »Wenn auch dein Mund mir wahre Liebe verspricht.« Damit ist eigentlich alles gesagt. Eine Frau bezichtigt den Partner der Untreue sowie der uneidlichen Falschaussage, gewährt aber zugleich mildernde Umstände wegen Unzurechnungsfähigkeit, denn genau das besagen die Worte »das kannst du nicht«.

Fremdgehen ist genetisch bedingt, durch das

Fremdgen eben – die Natur will, dass der Mann seinen Samen jährlich an mindestens so viele Weiber verteilt, wie ich diesen Sachverhalt in diesem Buch bereits erwähnt habe, und die Frau will genau dies nicht, weil sie einen Ernährer für sich und die Kinder braucht. Dabei sind die Frauen selber auch nicht besser, wovon die geschätzten 10 % aller Kinder, die nicht vom Ehemann stammen, beredtes Zeugnis ablegen.

Verweilen wir einen Moment bei der Eifersucht, jener Leidenschaft, die laut Volksmund, dem alten Dummschwätzer, mit Eifer sucht, was Leiden schafft. Jeder kennt es. In der Kneipe guckt einer meine Frau an, grinst schmierig, man weiß nur zu genau, was sich der Drecksack gerade vorstellt, und was macht sie? Sie grinst zurück. Schon habe ich einen Hals. Ich möchte nicht, dass meine Frau sich vorstellt, oder genauer gesagt, sich vorzustellen wagt, wie sie mit diesem jüngeren, schlankeren, hochgewachsenen Arschloch intim wird! Im Übrigen hat mir diese Kneipe noch nie gefallen, komm, wir gehen!

Was hat sich gerade abgespielt? Etwas ganz Normales: Ein fremder Hirsch ist in das Revier eines anderen Geweihträgers eingedrungen, hat Interesse an der Kuh signalisiert, die fühlt sich geschmeichelt, daraufhin geht dem alten Hirsch die Muffe, dass er womöglich Hörner aufgesetzt kriegt, und nun ist er froh, dass er kein Hirsch ist, denn dann müsste er dem Herausforderer das Geweih in den Hintern rammen, oder besser: unter die Blume, wie der Waidmann sagt. So aber kann er die Kneipe wechseln und drei Tage schmollen, ohne seinen Platz auf der Hackordnung überdenken zu müssen.

Ist also die Eifersuchtsdrüse, wie ich sie einmal

nennen möchte, das Kontrollorgan, das über des Partners Treue wacht? Nein, sie ist eine weitere Laune der Natur, die dafür sorgt, dass unser Selbstwertgefühl nicht zu groß wird – eine Art Alarmanlage, die sofort losheult, wenn jemand anderes einem ans Eigentum will. Und hier stoßen wir unversehens an Kants Grenzen. Der gute Immanuel, der, wie es heißt, nie eine Beziehung zu einer Frau gehabt hat, konnte vermutlich nur darum seinen kategorischen Imperativ wie folgt formulieren: »Handle so, dass die Maxime deines Willens jederzeit als allgemeines Gesetz gelten könnte.« 2000 Jahre vorher hat Konfuzius es etwas einfacher ausgedrückt, nämlich: »Was du nicht willst, das man dir tu, das füg auch keinem anderen zu.«

Das würde bedeuten, dass jemand, der die Eifersucht verspürt hat und weiß, wie beschissen man sich dabei fühlt, jede Handlung zu unterlassen hat, aufgrund derer sich jemand anders ebenso beschissen fühlt. Im Klartext: Nie mehr in der Kneipe eine Frau anlächeln, von der ich nicht sicher weiß, dass sie solo ist. Wie gesagt, Kant war nie liiert und Konfuzius wahrscheinlich auch nicht, sonst hätten sie gewusst, dass es hier um Reflexe geht– um archaische Verhaltensmuster, die nicht der Ratio unterworfen sind, oder anders gesagt: nicht des Philosophen Baustelle. Das Grinsen ist der Anlauf zur Verbreitung der eigenen Gene, die Eifersucht der Versuch, dagegenzuhalten. Man hört die Natur förmlich sagen: Ich wünsche einen sauberen Fight, geht in eure Ecken, kommt kämpfend zurück, möge der Bessere gewinnen.

Natürlich hat es immer wieder Versuche gegeben, die Eifersucht zu besiegen, weil sie auch wirklich oft grundlos zuschlägt und allen die Stimmung vermiest. So wurde zum Beispiel in den späten 60ern, frühen 70ern die offene Beziehung in linken studentischen Kreisen obligatorisch: Freiheit für mich und meine Partnerin. Man hat sich auch alles erzählt und siehe da: Man war nicht mehr eifersüchtig! Es ging! Und zwar natürlich in die Hose, denn der Witz war, dass man gar nicht mehr verliebt war, eigentlich nur eine neue Freundin wollte, es der alten aber nicht sagen wollte und das legitime Fremdgehen so lange betrieb, bis sie von sich aus die Beziehung beendete. Mir ist klar, dass Sie jetzt sagen: »Danke, Meister, für die erhellenden Ausführungen, aber gibt es vielleicht auch eine gute Nachricht?« Ja, und zwar bei Epikur, dem Urvater der utilitaristischen Ethik. Er rät, bei allem, was unser Es, unser Triebwagen, möchte, eine glücksmäßige Kosten-Nutzen-Rechnung anzustellen. Beispiel: Ich möchte fremdgehen, es bietet sich an die – sagen wir – Gattin meines Chefs.

Ich habe nicht die Absicht, meine Beziehung zu gefährden, es lockt einfach mal wieder der Reiz des Neuen, es sticht mich der Hafer, es juckt. Wenn meine Frau es erfährt, ist sie traurig, das ist an sich schon nicht schön, aber ich werde es auch bitter büßen, das wird also ein sehr teurer Spaß. Und sie wird es erfahren, denn ich werde mich, ungeübt und skrupulös, wie ich bin, verraten. Wenn der Chef es rauskriegt, mit wem seine Frau ihn betrügt, werde ich gefeuert. Sollten wir uns auch noch ineinander verlieben, oder noch schlimmer, nur sie sich in mich, ist die Kacke aber richtig am Dampfen. Sie merken: Wenn Sie sich nur ein paar Sekunden Zeit nehmen, um einige Szenarien gedanklich durchzuspielen, könnte es

129

sein, dass Sie ganz von selbst die Lust verlieren, It's not cool, it's not hip, it's Epikur.

Und außerdem ist es ja auch ein sehr schönes Gefühl, einer der wenigen anständigen Kerle im Viertel zu sein.

Sollte das mit Epikur nicht hinhauen und Sie haben es getan, Ihre Frau hat es gemerkt, Sie mit einer eindrucksvollen Indizienkette konfrontiert, worunter vielleicht besonders die Frage der Noch-Gattin des Chefs an Ihre Frau ins Auge springt: »Hat er es Ihnen schon gesagt?«, dann kann ich nur noch mit einer kleinen Formulierungshilfe von Adam Thirlwell dienen, der in seinem fabelhaften Romandebüt »Strategie« sinngemäß sagt: »Untreue ist nur der Versuch, es mehr als einer Person recht zu machen.«

SIE Ordnung

Es gibt wohl kein anderes Thema, das soviel explosiven Zündstoff in sich birgt wie Ordnung – und zwar das ganze Leben. Der Heckmeck geht schon in der Kindheit los – wer erinnert sich nicht an den elterlichen Satz: »Bevor du nicht dein Zimmer aufgeräumt hast, gehst du nirgendwo hin!« Und er hört vermutlich erst auf, wenn der letzte Deckel über einem zuklappt. Sobald Menschen unter einem Dach zusammenleben, versucht jeder, seine Vorstellungen von Ordnung durchzudrücken. Manche sind so hartnäckig, dass sie dabei Seelenfrieden, Partnerschaft und Leben riskieren, wovon Nachbarschaftsstreitigkeiten mit tödlichem Ausgang zeugen, die mit einem 4 cm über den Gartenzaun gewachsenen Ästchen begannen.

Das Gemecker meiner Mutter hatte erst ein Ende, als ich von zu Hause aus- und in einer Wohngemeinschaft einzog. Meine Ordnung war endlich Privatangelegenheit. Dachte ich. Aber bei zehn deutschen Student(inn)en, einem Kind, drei Bädern und einer Küche brauchte es einen Plan, der eindeutig erkennen ließ, wann wer wo was machen musste, damit das Zusammenleben funktionierte. Theoretisch kein Problem, aber in der Praxis ein Fiasko, das fast wöchentlich neu diskutiert werden musste. Es lag nicht an den von angehenden Mathematikern, Psychologen, Soziologen, Pädagogen, Technikern und Medizinern ausgetüftelten Putz-, Spül- und Einkaufsplänen, sondern an der panischen Angst der Männer, einen Handschlag mehr zu tun als jemand anderes, weshalb sie es lieber ganz bleiben ließen – oder auf sehr originelle Maßnahmen verfielen. Es ist schon etwas Besonderes, wenn man seinem neuen Lover ein tolles Frühstück versprochen hat, mit ihm in die Küche kommt, um gar kein Geschirr vorzufinden und es erst nach längerem Suchen in zwei Einkaufswagen gestapelt im Garten zu entdecken, wo es wohl vom nächtlichen Dauerregen gespült werden sollte. Toll auch, wenn es zu einer kunstvollen Geschirrpyramide zusammengefügt auf dem Abtropfbrett stand und es keine Möglichkeit gab, ein Teil wegzunehmen, ohne dass der ganze Haufen in sich zusammenbrach.

Es ist nicht so, dass Männer Unordnung in Gemeinschaftseinrichtungen besser ertragen, sie sind nur zutiefst davon durchdrungen, dass es eben doch Frauensache ist, sie zu beseitigen.

Männer haben überhaupt kein Problem mit einer Zweidrittelmehrheit für Frauen – beim Aufräumen. Frau hält ihren Bereich in Ordnung und den Gemeinschaftsbereich und dafür der Mann seinen. Das haben die Männer meiner Generation von ihren Müttern, da sind sie entwicklungsresistent.

Dagegen lief das Leben in der Frauen-WG wie geschmiert. Die Hausarbeit wurde ohne Pläne und Probleme organisiert und erledigt. Unter Frauen reicht es völlig aus, wenn eine sagt: »Mädels, wir machen uns einen Sekt auf und bringen die Küche auf Vordermann.« Eine halbe Stunde später strahlen Mädels und Küche um die Wette, jede hatte dort angepackt, wo gerade keine andere war, eigentlich ganz einfach, aber von einem Mann zu viel verlangt. Mein Göttergatte will in einen Entscheidungsprozess eingebunden werden. Ich muss also sagen: »Schatz, möchtest du spülen oder abtrocknen, die Küche oder das Bad putzen, mich bekochen oder zum Essen ausführen?« Die Chance, dass er bei einer von sechs Alternativen anspringt, ist nicht hoch, aber sie ist da. Meist hat er aber Weltbewegenderes zu tun, etwa die Saiten seiner E-Gitarre nach dem Spiel mit einem Spezialöl liebevoll und sorgfältig einzureiben, damit sie nicht rosten. Sie dürfen aber nicht glauben, dass ihm der Zustand des Haushalts wurscht wäre. Das erkenne ich meist an folgendem Satz: »Du, Monika, komm bitte mal. Ich muss Dir etwas zeigen.« In der Regel werde ich darauf hingewiesen, dass ich vergessen habe, ein Cremetöpfchen, eine Teedose, ein Gewürzgläschen zuzumachen, und muss mir zum x-ten Mal erklären lassen, dass ätherische Öle verfliegen und die Produkte dadurch ihre Wirkung verlieren. Zum Glück gibt es keine Schusswaffen im Haus und außerdem beherrsche ich einige wunderbare Entspannungstechniken. Ich sage dann Dinge wie: »Weißt du was, Schatz, du machst alle Döschen zu und ich mir ein Fläschchen auf.«

Wir haben auch schon ausprobiert, professionelle Hilfe in Anspruch zu nehmen. Da hieß es bei uns dann kurioserweise immer: »Oh Gott, gleich kommt die Putzfrau, lass uns schnell ein bisschen aufräumen.« Und dann dauerte es genau eine Woche, also bis zum nächsten Besuch der Sauberfee, bis wir alle Haushaltsgeräte, Hygieneartikel, aber auch Akten wiedergefunden hatten, die sie, ihrem jahrhundertelang tradierten osteuropäisch geprägten Ordnungssinn folgend, völlig neu geordnet hatte. Das war nicht der Sinn der Sache, also ließen wir davon ab und orientierten uns weiterhin an dem Spruch meiner Oma, die immer sagte, bevor die Leute Fensterscheiben hatten, konnten sie gar nicht sehen, wie es in ihrer Hütte genau aussah.

Mit dieser Weisheit kann die Erfinderin meiner Zweidrittelmehrheit nicht viel anfangen: Meine Mutter war bei uns zu Besuch, als wir wegen eines dringenden Termins aus dem Haus mussten, und sie entschloss sich spontan, mal wieder Grund reinzubringen. Natürlich hatten wir sie längst dahingehend geschärft, unsere Schreibtische und vor allem die Computer als vermintes Gelände zu betrachten und dort nichts anzurühren. Hat sie auch nicht. Sie hat nur zum Staubsaugen ausgerechnet den Stecker aus der zwölffach belegten Steckerleiste herausgezogen, an dem unser Computer-Netzwerk hing. Das wäre unter normalen Umständen zu verkraften gewesen, denn natürlich sichern wir ständig. Das Problem war nur, dass wir gerade die Systeme aktualisierten. Zwei Partitionen gingen verloren, die gesamte Arbeit von zwei Wochen war schlagartig weg, futsch, als hätten wir sie nie gemacht. Dazu dauerte es drei Tage, bis alles wieder reinstalliert war. Kommentar meiner Mutter: Das muss einem ja auch gesagt werden, dass man bei euch nicht an die Steckdosen darf. Ich hab es doch nur gut gemeint. Das haben die Kreuzritter damals im heiligen Land auch, Mutter! Aber das hab ich nur gedacht.

ER Ordnung

Es gibt Menschen, die anderen, die nicht willens oder in der Lage sind, Ordnung zu halten, professionelle Hilfe anbieten. Eine solche Dame hatte ich einmal in meiner Talkshow »Wat is?« zu Gast. Sie kam mit der Überzeugung, etwas unbedingt Sinnvolles, Hilfreiches zu tun, und ging, ich will nicht sagen gramgebeugt, aber doch verunsichert. Später schrieb sie mir, sie habe eine Woche gebraucht, um sich von dem Gespräch zu erholen. Ich will damit nicht sagen, dass es immer Frauen sind, die die von Natur aus unordentlichen Männer zum Aufräumen anhalten. Als ich beim Bund war, gab es dort noch keine Frauen. Ich mache also weder meine Mutter mit ihrem Aufräumfimmel noch meine Grundausbilder für eine etwaige Traumatisierung verantwortlich. Ich bin ein Messie, jemand, der sich von nichts trennen kann und sich im Chaos am wohlsten fühlt. So wie ich nicht unbedingt glaube, dass Menschen, die ihre Hemden und Akten gerne auf Kante legen, ihre anale Phase nicht überwunden haben, lasse ich mir auch nicht einreden, dass ich meine noch gar nicht erreicht habe.

Ich halte Bestseller wie »Simplify your life«, in denen empfohlen wird, Dinge, die man ein Jahr lang nicht benutzt hat, wegzuwerfen, für tendenziell jugendgefährdend, weil sie glücksfeindlich sind. Was heißt denn benutzen? Doch nicht nur: damit arbeiten, um das Bruttosozialprodukt zu steigern! Wenn ich hinter meinem zugemüllten Schreibtisch sitze und den Blick wohlgefällig über zum Bersten vollgepfropfte Regale schweifen lasse, beschließe ich zum Beispiel, ein bisschen auf Entdeckungsreise zu gehen, mache wie zufällig bei der geographischen Abteilung Halt, ziehe einen Städteführer von New Orleans heraus, den ich mindestens zehn Jahre nicht mehr »benutzt« habe, blättere darin und verbringe mindestens eine halbe Stunde in meinem inneren Kino mit meinem New-Orleans-Film. Hier ein paar Ausschnitte: Ich stehe am Mississippi, sehe einen Raddampfer und habe ein waschechtes Déjà-vu-Erlebnis, was natürlich auf Tom Sawyer zurückgeht; ich esse mein erstes Alligatorwürstchen, die Austern mit der Zwiebelsauce und der Mischung aus Ketchup und Sahnemeerrettich; ich lausche dem alten Cowboy, der in einem Hinterhof der Bourbonstreet für drei Hausfrauen Jim-Reeves-Titel singt und dabei nur so tut, als ob er Gitarre spielt, in Wirklichkeit tritt er bei jedem Akkordwechsel einen anderen Knopf seines Fußpedals; ich zeige im red light district einer schwarzen Stripperin Kartentricks und lehne ihr Angebot, mit ins Hotel zu kommen, dankend ab, weil ich ja treu bin und irgendwie auch die Vorstellung nicht aus dem Kopf kriege, wie mitten im schönsten Gerangel zwei übergewichtige Sheriffs die Zimmertüre einrennen, mich mit ihren Colts voller Dum-Dum-Geschosse bedrohen und brüllen: »Beine auseinander und Hände auf die Minibar!« Dann bin ich wunschlos glücklich.

Jean Paul hat einmal gesagt: »Erinnerungen sind das einzige Paradies, aus dem wir nicht vertrieben werden können.« Er hätte vielleicht hinzufügen sollen: »Und deshalb sollten wir nie etwas wegschmeißen, mit dem eine schöne Erinnerung verknüpft ist.« Zukünftige Generationen werden meinen Einrichtungsstil vielleicht einmal »romantische Ästhetik« nennen, vielleicht auch nicht, denn Dinge mit Erinnerungsabrufpotenzial machen ja nur einen Teil meines Interieurs aus. Eine Menge Raum nehmen Dinge ein wie Fachbücher, Zeitungsartikel, Gebrauchsgegenstände, deren Nutz und Frommen sich möglicherweise in naher oder ferner Zukunft erst erweisen werden, bei einem Buchprojekt, einem Film, einem Theaterstück, einem Bühnenmonolog oder etwas, von dem noch nicht einmal ich etwas ahne. Peter Ustinov zum Beispiel war ähnlich eingerichtet, wie aus einem Foto hervorging, das ihn in seinem Arbeitszimmer zeigte. »Unordnung macht noch keinen Ustinov«, höre ich schon einen Kritiker diese Steilvorlage dankbar annehmen und verwandeln. Natürlich nicht, aber jeder künstlerisch tätige Mensch schafft sich ein inspirierendes Umfeld. Ein aufgeräumter Schreibtisch ist trostlos, er kündet von einem Menschen, der sich seine Arbeit vom Hals schaffen will. Ein Garten, in dem keines Floristen Hand stutzend, rupfend und pfropfend waltet, ist allemal faszinierender als Blümchen in Reih und Beet. Aber kommen wir zum problematischsten Teil meiner Einrichtung, ich nenne es mein Museum der Liebe. Kunstgewerbliche Gegenstände aller Art, teils auch selbstgemacht, die mir Menschen, deren Lebensweg den meinen kreuzte, aus den verschiedensten Gründen schenkten. Selten habe ich darum gebeten, meist schätze ich den Geber weitaus höher als das Präsent. Nur aus Liebe und Respekt fliegt die Scheiße nicht in den Müll, und diesen Wesenszug mag ich mit am wenigsten an mir missen. Und wenn Sie das jetzt blöd finden, haben Sie nämlich ein moralisches Problem und das ist auch in Ordnung.

SIE Das erste Mal

Es war ein sehr heißer Sommer und eine noch heißere Nacht, und ich weiß gar nicht, was uns weniger schlafen ließ. Wir gingen an den Strand, legten uns in den noch warmen Sand und schauten in den prachtvollen Sternenhimmel, um den ich alle beneide, die ihn nicht nur im Urlaub sehen können. Der Anblick dieser unzähligen Sterne im tiefblauen Nichts ist wie eine Droge für mich, macht mich high und furchtlos, und so beschloss ich, es endlich zu tun. Meine Vorstellungen davon, wie es sein würde, reichten von höchstgradiger Verzückung bis hin zum Albtraum, doch nun wollte ich es endlich wissen.
Das Meer war sehr ruhig und glänzte schwarz wie Öl im Mondlicht. Der sanfte Rhythmus, mit dem es kam und ging, war das einzige Geräusch in dieser ruhigsten und heiligsten Stunde der Nacht. Die Zartheit, mit der es zuerst unsere Fußsohlen

berührte und dann unsere Fesseln liebkoste, kam unserem Vorhaben mehr als nur entgegen. Wir schlossen unsere Augen und ließen uns langsam hineingleiten. Getragen von kleinen Wellen und Wogen, lösten wir uns wie ein Tropfen Milch im Meer auf, die Verschmelzung war nah. Doch plötzlich durchfuhr mich ›untenrum‹ sowas wie ein elektrischer Schlag und es brannte höllisch. Ich hatte zwar schon gehört, dass es ein bisschen wehtut, aber davon, dass es dem Gefühl, abgefackelt zu werden, gleichkommt, war nie die Rede gewesen. Sollte das etwa *Penis Miraculix* angerichtet haben? Das Brennen ließ nicht nach, und meine vor Schreck meilenweit aufgerissenen Augen nahmen für Sekunden einen hellen, aber komisch runden Körper an der dunklen Wasseroberfläche wahr. Was war das? Nein, das konnte unmöglich er, das musste etwas anderes – au weia – es war eine *Medusa Feuerix*, die mit mir kollidiert war. Wir gerieten beide in Panik, ich aus verständlichen Gründen, meinem Freund reichte allein die Vorstellung, dass es ihm genausogut hätte passieren können oder noch passieren könnte. Ich wollte nur noch weg, so schnell wie möglich weg, nach Hause in mein Bett, und zwar allein.

Das Vorhaben landete verständlicherweise erst einmal auf Eis, und ich machte mich weiterhin schön verrückt, wie alle anderen Mitschülerinnen meines Alters auch. Täglich servierte die Gerüchteküche neue unbekannte Zutaten, von denen man nicht wusste, ob man sie überhaupt verdauen kann. Die, die das erste Mal hinter sich hatten, machten zwar einen Mordsbohei darum, wirkten aber nicht wirklich hellauf begeistert, eher verhalten reserviert, und sie sprachen dazu noch in Rätseln.

Jetzt kann ich sie gut verstehen, denn ich erinnere mich auch kaum noch an die Details meines zweiten Anlaufs, Jahre später. Auch die Erinnerung an meinen damaligen Freund ist seltsam verblasst. Ich weiß nur noch, dass wir vorher Pommes frites zusammen gegessen haben. Diese Pommes waren lecker, ausgesprochen superlecker, ich glaube, es waren die besten Pommes, die ich je in meinem Leben gegessen habe – und es waren die letzten Pommes vor der Autobahn.

Wenn ich behaupten würde, dieses erste Mal hätte mich nicht direkt an den Versuch davor erinnert, wäre das gelogen. Im Nachhinein war es jedenfalls weniger der Rede wert als der Quallenkuss. Ich war eigentlich nur froh, es endlich hinter mich gebracht zu haben. Am nächsten Morgen fühlte ich mich anders als sonst, seltsam komplettiert, obwohl ich doch etwas verloren hatte. Ich sah meine Lehrer, den Busfahrer, die Nachbarin, Onkel und Tante, ja im Grunde alle Menschen mit anderen Augen. Zum ersten Mal stellte ich mir vor, wie mein Französischlehrer wohl nackt aussieht. Angeblich stellen sich alle Männer beim Liebemachen andere Frauen vor. Nun tat ich das umgekehrt auch, aber erst am nächsten Morgen.

In der Klasse herrschte zu der Zeit jedenfalls immer eine gute Stimmung, wenn wir uns solche Fragen direkt vor der Stunde stellten, kurz bevor der entsprechende Lehrkörper den Raum betrat. Welchen Pinsel schwang wohl der selbstverliebte Kunstlehrer in seiner Freizeit? Wusste die unverheiratete, kurz vor der Pensionierung stehende Biologielehrerin, die uns die menschliche Fortpflanzung in der Rekordzeit von 3 Minuten erklärt hatte, tatsächlich, wovon sie sprach? An den Spekulationen über die Größe des Johannes beteiligten sich alle gern, und mit zunehmender Erfahrung, also dem 8., 9. und so weiter Mal, wurden unsere Einschätzungen und Kommentare natürlich immer professioneller. Und das ist das Tolle am Sex. Das erste Mal ist zum Abwinken, im Gegensatz zu der Zufriedenheit, die sich beim ersten und sogleich erfolgreichen Kleben gemusterter Tapete einstellt, aber dafür werden die folgenden Male immer geiler, was man vom Renovieren nun wirklich nicht behaupten kann.

ER Das erste Mal

Das erste Mal, oft erlebt und oft besungen, ihm wohnt ein ganz besonderer Zauber inne. Deshalb wohl, weil man einfach keinen Schimmer davon hat, was kommt. Wir fantasieren vorher, was das Zeug hält, manchmal stinkt die Realität auch ab beim anschließenden Vergleich, aber aufregend ist es allemal.

Die Art und Weise, wie man das erste Mal erlebt, hat sehr viel mit der eigenen Persönlichkeitsstruktur zu tun. Ich z. B., der ich nichts weniger als ein Draufgänger bin, sondern eher schüchtern, ängstlich, zurückhaltend, möchte behaupten, dass die Menschen meines Strickmusters das erste Mal viel intensiver erleben, denn neben der Freude über die neuartige Erfahrung sind wir ja auch – und mit Recht – sehr stolz auf uns, weil wir die Traute hatten, das Ding durchzuziehen.

Gut, manchmal ist es ganz leicht, weil man an jemanden gerät, der in diesen Dingen viel Erfahrung hat, einen an die Hand nimmt, behutsam anleitet, sicher durch die Klippen und Untiefen des Vorganges navigiert und einem anschließend noch das Gefühl gibt, jederzeit Herr der Situation gewesen zu sein und einen tollen Job gemacht zu haben. Das ist das Beste, was einem passieren kann. Nach so einem gelungenen Start wird man sagen: »Hey, das war super, das könnte mein Hobby werden, das machen wir gleich nochmal.« Mein erster Schultag ist ein gutes Beispiel. Ich freute mich sowieso auf die Schule, weil ich endlich lesen lernen wollte, und dann war auch noch alles, was wir tun mussten, ein Bild auf unser Schiefertäfelchen malen, ein Haus mit einem Storch auf dem Dach. Das war ein Klacks für mich, ich konnte prima zeichnen. Dank dieses Erfolgserlebnisses war ich sogar fast bereit, über meine vergleichsweise schüttere Schultüte hinwegzusehen. Das erste Mal richtig besoffen war wiederum eine ganz andere Erfahrung. Es trug sich auf einer Schullandheimsfahrt zu, wir waren 12 oder 13, es ging sinnigerweise in ein rheinisches Weinanbaugebiet, wo die Pulle um 2 DM kostete. Ich glaube, eine halbe hat mir schon gereicht.

Klinisch tot für eine D-Mark! Klingt doch fast wie eine *Bild*-Schlagzeile. Als ich dann viele Jahre und Promille später zum ersten Mal mit edlem Rotwein in Kontakt geriet, war das gar nicht besonders eindrucksvoll. Ich war auf Promotionreise für mein erstes Album und geriet an einen Weinhändler, der irgendwie einen Narren an mir gefressen hatte. Er schleppte mich in seinen Keller und öffnete Pulle um Pulle. Es schmeckte mir nicht besonders, denn zum Weingenießer – und das bedeutet das Wort Gourmet im Übrigen ursprünglich, wie wir von Brillat-Savarin wissen – reift man nicht über Nacht, es ist eine Sache der

Übung, des Vergleichs, man muss viel probieren, um irgendwann einmal bei seiner persönlichen Richtung anzukommen. Andererseits wurde ich aber – durch zahllose Kreuzberger Nächte gestählt – auch nicht betrunken. Nach vier Stunden intensiven Zechens sagte mein Gönner: »So, jetzt haben wir für 3000 DM Rotwein getrunken, jetzt habe ich noch Lust auf ein schönes Bier.«

Dann gibt es diese ersten Male, auf die man getrost verzichten könnte, wozu ich meine erste Prostatauntersuchung zähle, die aber noch gar nichts ist im Vergleich zur ersten Proktoskopie. Dazu rammt der Facharzt dem Opfer ein grundsolides Stahlrohr ins verdutzte Rektum, um einen tiefen Blick auf Anzahl, Größe und Zustand der dortselbst vermuteten Hämorrhoiden zu werfen. Als ich dieses Vergnügen zum ersten Mal hatte, wurde ich auch noch aufs Schönste eingestimmt durch den Anblick meines Vorgängers, wie er wachsbleich und halbtot von zwei Pflegern weggeschleppt wurde.

Das einzig Schöne an solchen ersten Malen ist, dass man für den Rest seines Lebens was zu erzählen hat. In diese Kategorie gehören auch mein erster Autounfall, mein erster Flugzeugstörfall, mein erstes Kentern mit einem Segelboot, mein erstes Zugunglück, mein erster Sprung vom Dreier, vor dem mir die gesamte Klasse von unten ca. 30 Minuten lang gut zuredete, und vieles mehr, wie nicht zuletzt die erste Magenspiegelung, die ich damals völlig anders erlebte als heute, wo man sich mittels einer kleinen Spritze federleicht aus dem Hier und Jetzt entfernt.

Nun sagen Sie vielleicht: »Hat denn dieser dicke lustige Mann nur Scheiße erlebt? Ist das sein Geheimnis, dass er mit seinen komischen Liedern und Texten nur ein Leben sublimiert, das einem Tanz am offenen Grab gleicht?« Nun, da ist was dran. Aber wichtiger noch: Schlimmes Selbsterlebtes stimmt andere heiterer als schönes Selbsterlebtes. Das stimmt meist nur den Erzähler heiter, und das ist nun mal nicht Sinn der Sache. So wird es Sie sicher sehr freuen zu hören, dass mein erstes Sexerlebnis nicht reibungslos verlief. Ich würde jetzt zu gern Ihr Gesicht sehen, lieber Leser, wenn ich Ihnen sage, Ihnen, der Sie jetzt darauf warten, dass ich aus dem Bett gefallen bin oder mit dem Hintern in einem Ameisenhügel gesessen habe und erst fünfmal zu früh gekommen bin, bis es endlich klappte, wenn ich Ihnen also jetzt Folgendes sage: Wenn mein erster Sex reibungslos verlaufen wäre, also ohne Reibung, hätte er doch keinen Spaß gemacht! Verstehen Sie? Wie? Das finden Sie blöd. O. k., der Kunde ist König. Als ich das erste Mal Sex hatte, hatte ich furchtbare Angst. Kein Wunder, ich war ja auch ganz allein. Zufrieden? Na also.

SIE Tanzen

Es gibt, laut Gerhard Szczesny, »keine andere Tätigkeit, die soviel Spannung und Aggressivität abbauen kann wie die in Körperbewegung umgesetzte Musik«. Das hört sich schön an, trifft aber bestimmt nicht auf pubertierende Teenager zu, die zur Tanzschule verdonnert werden. Rückblickend auf meine erste Tanzstunde würde ich sagen, dass Tanzen in dem Alter eher eine Hochspannung erzeugende Tätigkeit ist, bei der Unsicherheit in Bewegung umgesetzt wird. Mit einem gemischten Gefühlssalat aus Schiss und Entdeckerfreude, beides bezogen auf die eigene Erotik, stöckelte ich auf hohen Absätzen diesem Abenteuer entgegen. Als Schülerin eines Mädchengymnasiums war man jungstechnisch permanent unterzuckert. Der Tanzkurs war die erste Gelegenheit seit dem Konfirmandenunterricht, die Depots aufzufüllen.

Doch schon beim Betreten der plüschigen Örtlichkeit wurde mir anders. Die Mädchen saßen links an der Wand wie die Hühner auf der Stange, die Jungen rechts, dazwischen gähnte ein Hektar abgenutztes Parkett. Diese Anordnung war mir aus unserem Heimatmuseum vertraut, wo links und rechts an den Wänden des Hauptganges Schaukästen mit aufgespießten Schmetterlingen hingen. Im Gegensatz zu mir machte es denen allerdings nichts mehr aus, angegiert und taxiert zu werden. Tapfer steuerte ich die einzigen freien Stühle ganz am Ende der Mädchenreihe an. Das intensive Gefühl, wie ein nacktes Huhn im Schaufenster eines Feinkosthändlers zu hängen, ging einher mit dem Wunsch, möglichst rasch aus der Gafferzone zu gelangen. Ich beschleunigte meinen Schritt, was mir die interessante Erfahrung bescherte, dass glatte Ledersohlen auf poliertem Parkett dynamische Prozesse potenzieren, also rutschten mein Minikleid und ich auf dem so gut wie blanken Hintern quer durch den Tanzpalast. Natürlich ließ der Herr des Hauses, ein gelackter Enddreißiger, der an den Hüften bereits deutlich über die Ufer trat, es sich nicht nehmen, mir mit den Worten aufzuhelfen: »Na, das läuft ja schon wie geschmiert, hehehe.« Von seinen nachfolgenden Begrüßungs- und Einführungsworten bekam ich selbstverständlich nichts mehr mit, denn mich quälte nur ein Gedanke: Was mach ich, wenn mich nach dem Auftritt keiner mehr auffordert? Freitod? Kloster? Nach gefühlten drei Stunden stand doch noch ein Junge vor mir. Er war groß, sehr groß, und genauso breit, und trug eine Brille mit derartig dicken Gläsern, dass ich mir vorkam wie unter der Lupe. Er führte mich sehr vorsichtig an einer sehr feuchten Hand auf die Tanzfläche. Der Mauerblümchenkelch war an mir vorbeigegangen, und jetzt wollte ich mich dem Schicksal gegenüber nicht undankbar erweisen. Auf das kasernentaugliche Kommando »Grundposition«, hob ich meine Arme, als wolle ich mit Frankensteins Monster konkurrieren. Mein Partner riss mich an sich und legte seine Hand schraubstockartig um meine Taille, wozu er sich natürlich zu mir hinunterbeugen musste, was meine Wirbelsäule in eine Position brachte, die jeden Orthopäden zum Einschreiten bewogen hätte. Wir verfehlten unsere Füße nur selten bei dem Versuch, die gebrüllte Anweisung »Vor-Rück-Seit-Schritt« in adäquate Schrittfolgen umzusetzen. Ein Blick in die Runde bestätigte meinen Eindruck, dass man sich zu zweit offensichtlich beim Tanzen behindert. Erschwerend kam hinzu, dass wir bis auf die letzten 10 Minuten trocken, d. h. ohne Musik tanzen mussten. Das erscheint mir heute so sinnig wie das Schwimmenlernen ohne Wasser. Auf dem Heimweg überlegte ich, wie ich meiner Familie das Auswandern schmackhaft machen könnte, zumindest aber den Abbruch der Tanzschule.

Tapfer ging ich in der folgenden Woche wieder in dieses Horrorkabinett, aber ich fiel schon wieder, diesmal aus allen Wolken, weil ich öffentlich von diesem affektierten Tanzfuzzy mit Doppelnamen dafür gerügt wurde, dass ich beim Tanzen geredet und gelacht hatte. Das Wort lustfeindlich sollte erst viele Jahre später in den Sprachgebrauch übergehen, aber ich erinnere mich noch sehr genau, wie ich es damals vermisste. Deshalb ging ich am dritten Donnerstag anstatt zum Tanzdrill in die neu eröffnete Discothek in unserer Stadt. Der Unterschied zu Herrn Foxtrottels Hampelbude konnte nicht größer sein. Die Musik war hervorragend und laut, das Licht irre, und ich stellte fasziniert fest, dass die Gäste nicht nur Spaß am Tanzen zu haben schienen, sondern auch aneinander. Zu allem Überfluss forderte mich ein gar nicht übler Bursche auf, der Discjockey kündigte Pata Pata an – sowas vergisst man nicht – und schon war's um mich geschehen. Das Tanzen war einfach, man brauchte den Rhythmus nur in den Hüften zu spiegeln, und es machte mich an, wie er mich anmachte, auch anfasste, wie er mir zwischen zwei Schiebern Rock 'n' Roll beibrachte, mich sehr viel später nach Hause begleitete und vor allem, wie er mich zum Abschied küsste. Von da ab verbrachte ich jeden Donnerstag in der Disco, lernte sehr viel mehr als meine Klassenkameradinnen in der Tanzkaserne und prägte damals den Spruch, den IKEA Jahrzehnte später einmal leicht abgewandelt übernehmen sollte: Gehst du noch zur Tanzstunde oder lebst du schon?

ER Tanzen

Tanzen ist Travolta. Zuletzt wieder in »Be cool« mit Uma Thurman. Gnadenlos gut, zeitlos geil. Tanzen ist auch Patrick Swayze in Dirty dancing. Fred Astaire ist sehr lang her, an Josefine Baker kann nicht mal ich mich mehr erinnern, Flamenco ist mir zu theatralisch, Shakira ist auch schön, und natürlich Kylie Minogue mit ihrem allerersten Hit, dem Little-Eva-Cover »Locomotion«, da hatte sie einen Hüftschwung, der mich ummachte. Also gut, es gibt etliche Hingucker unter dem Stichwort Tanzen, aber es sind in jedem Falle die anderen.

Mich selber hat der Schöpfer offensichtlich eher für den Schreibtisch geplant denn für den Tanzboden. Allerdings kollidierte in diesem Punkt meine Gymnasiallaufbahn mit dem Schöpfungsplan, denn zwischen Untersekunda und Obersekunda, wie das damals hieß, also zwischen 10. und 11. Klasse besuchte man als Zögling des traditionsreichen, will sagen erzkatholischen und noch eherneren konservativen Aachener Kaiser-Karl-Gymnasiums die Tanzschule, und zwar gemeinsam mit einer passenden Klasse des in Nonnenhand befindlichen Mädchengymnasiums St. Ursula. Also Zustände, wie sie Papst Benedikt aus seiner Jugend auch schon kannte und schätzte. Und hier begann das Drama, oder besser gesagt, hier begann die Entwicklung Mitteleuropas in Richtung postreligiöses Zeitalter. Denn die Opinionleader unserer Klasse, die Hipsters, die Jungs ganz oben auf der Hackordnung, die finanziell und hormonell besser gestellten, verkehrten privat mit Schülerinnen der evangelischen Viktoriaschule und setzten in einem nur der Erstürmung der Bastille vergleichbaren Handstreich die erste ökumenische Tanzstunde in unserer Schulgeschichte durch, was den Direktor und insbesondere die Religionslehrer in eine tiefe Sinnkrise stürzte.

Nun hat der Tanz an sich vielfältige Funktionen: Ehrung der Ahnen, Magie, er kann Bestandteil von Zeremonien sein, wenn jemand die gesellschaftliche Rolle wechselt, Initiation, Ausbildungsabschluss, politische Nachfolge, aber auch Geburt und Tod können durch den Tanz zelebriert werden. Das erfährt man alles, wenn man bei Encarta unter Tanz nachguckt. Wahnsinn. Für den pubertierenden Klemmie der Vor-68er-Zeit, der Aufzucht und Hege in reinen Jungsklassen genoss, bedeutete Tanz nur eines: Mädels näher zu kommen als auf Schlagdistanz.

Eigentlich hätte mir der Klammerblues, wie wir ihn zwischen den schnellen Tänzen später auf unseren Wochenendpartys oder beim Jugendtanz praktizierten, vollauf gereicht, aber Tanzen ist halt Kultur, und das bedeutet laut olle Freud Triebverzicht.

Wegen eines ca. dreiminütigen Körperkontakts muss ich mir also die hochkomplexen Moves von Mambo, Discofox, Cha-Cha und Konsorten draufschaffen, muss auf Takt und Grundrhythmus achten, Bewegungsablauf, Körperhaltung, Beinarbeit, dabei ist alles, was ich brauche, der Blues-Pendel-Grundschritt mit seinen eineinhalb Takten und *House of the Rising sun* von den Animals, das lief nämlich siebeneinhalb Minuten! Da konnte man aber schon ein paar Mal mit den unegalen Fottfingern die weibliche Wirbelsäule rauf- und runterklettern, rechts und links auf Hals und Ohr hauchen oder – kurz vor Schluss –

Beckenkontakt herstellen in der Hoffnung, dass die Partnerin die schon lange lauernde Erektion auch zu schätzen wüsste.

Mehr gibt es eigentlich zu diesem Thema nicht zu sagen, außer vielleicht noch, dass ich schon als Adoleszent dazu neigte, in geordneten Verhältnissen zu leben, d. h., ich fragte frühzeitig ein Mädchen, ob sie mit mir zum Mittelball gehen wolle. Sie wollte.

Daraufhin war ich eine Woche nicht ansprechbar, mein Zustand kann mit Entrückung, Verzückung o. Ä. nur unzureichend wiedergegeben werden, die Neurologie spricht, glaube ich, in ähnlichen Zusammenhängen von Frontallappenepilepsie, jedenfalls kam sie in der nächsten Woche mit einem anderen, wesentlich älteren Burschen an und hatte keinen Blick mehr für mich. Luschen wie Goethes Werther hätten sich jetzt aus dem Verkehr gezogen, ich hingegen fragte einfach ein anderes Mädchen. Zugegeben, sie gefiel mir nicht, aber auch keinem anderen, und hier ging es ja erstmal um seelische Schadensbegrenzung. Nun, ich ging mit ihr zum Mittelball, verbrachte den ganzen Abend mit ihr und ihren Eltern, tanzte nur mit ihr und einmal mit ihrer Mutter und machte die erstaunliche Entdeckung, dass ich einer der wenigen Männer mit Charakter war. Die meisten anderen Eleven nämlich hatten sich keineswegs auf eine Partnerin festgelegt und betanzten mit diebischem Vergnügen eine Dame nach der anderen, wobei sie meine Partnerin natürlich – vermutlich aus Respekt – ausließen.

Und weil es so schön war, ging ich mit ihr auch auf den Abschlussball und hatte erst ein halbes Jahr später den Mumm, Schluss zu machen. Wegen unüberbrückbarer Differenzen.

Seitdem assoziiere ich mit Tanzen auch oft ein Bild, wie man es aus alten Westernfilmen kennt: Die Banditen lassen den Dorftrottel tanzen, indem sie ihm mit den Ballermännern vor die Füße schießen.

Wenn man es hört, ist's noch mal so gut!

Jürgen von der Lippe
Monika Cleves
SIE UND ER
Botschaften aus parallelen Universen
Sprecher: Jürgen von der Lippe
und Monika Cleves
1 CD, ca. 78 Minuten
Jewelcase mit Banderole
Euro 14,95 / sFr 25,95
ISBN 3-8218-5414-6

www.lido-verlag.de

»Alles was ich liebe«
die aktuelle CD!

Kackfröhlich, alterslos und ungehemmt kommt die CD »Alles was ich liebe« von Jürgen von der Lippe daher. Spielend leicht bringt der Meister des Comedy-Kamasutras seine Zuschauer wieder in all jene lustvollen Positionen, aus denen heraus sie sich über das nur scheinbar so normale Leben aufs Köstlichste abrollen können.

Die CD »Alles was ich liebe« gibt's überall zu kaufen.

Weitere Informationen unter
www.juergenvonderlippe.de

SONY BMG
MUSIC ENTERTAINMENT